"企业新闻与传播"系列教材　丛书主编　王　勇　丁柏铨

U0680304

江苏省高校品牌专业建设工程项目
"十三五"江苏省重点学科项目

西方社会组织的传播：理论与实践

XIFANG SHEHUI ZUZHI DE CHUANBO：
LILUN YU SHIJIAN

张天一　周　洋　编著

南京大学出版社

图书在版编目（CIP）数据

西方社会组织的传播：理论与实践 / 张天一，周洋
编著. -- 南京：南京大学出版社，2018.12
"企业新闻与传播"系列教材 / 王勇，丁柏铨主编
ISBN 978 - 7 - 305 - 21865 - 1

Ⅰ. ①西… Ⅱ. ①张… ②周… Ⅲ. ①新闻学－传播
学－教材 Ⅳ. ①G210

中国版本图书馆 CIP 数据核字（2019）第 062976 号

出版发行 南京大学出版社
社　　址　南京市汉口路 22 号　　　邮　　编　210093
出 版 人　金鑫荣

书　　名　**西方社会组织的传播：理论与实践**
编　著　张天一　周　洋
责任编辑　黄　卉　刁晓静　　　编辑热线　025 - 83592146
照　　排　南京理工大学资产经营有限公司
印　　刷　南京玉河印刷厂
开　　本　787×1092　1/16　印张 10　字数 240 千
版　　次　2018 年 12 月第 1 版　2018 年 12 月第 2 次印刷
ISBN　978 - 7 - 305 - 21865 - 1
定　　价　35.00 元

网　　址：http://www.njupco.com
官方微博：http://weibo.com/njupco
官方微信号：njuyuexue
销售咨询热线：(025)83594756

"企业新闻与传播"系列教材

关于"企业新闻与传播"的性质、内涵及其专业方向设置的基本构想(代序)①

王　勇

　　"企业新闻与传播"是一个带引号的、正在构建中的新专业或专业方向。作为新闻学、传播学的一个新的分支或专业方向,在如今高等教育"应用型"转型发展的时代语境之下②,具有重要的理论探索意义和现实价值。

　　在当今中国,对于新闻宣传人才的需求和培养,其实有显性和隐性两大部分。一是专业新闻机构,如电视台、电台、报纸、杂志、网络新媒体等;二是非专业新闻机构,如机关、事业单位、企业等。而第二大部分,也即"非专业新闻机构",却往往被高校新闻学、传播学专业有意或无意地忽略、忽视甚至是漠视。这是一个相对隐蔽的存在,它存在于半明半暗之中,或栖身于理论和实践的夹缝之间,而其社会需求却并不因此而有丝毫的减损或削弱。

　　专业新闻机构和非专业新闻机构,这是两个看似界线分明而清晰,实际上却有些混沌和模糊的界定或命名。而另一个与非专业新闻机构相关或作为其子集的命名"企业新闻与传播"③,在名称或概念上更是显得有些游离和不确定,极易被判定或视作学术上的一个"伪命题"。如果不进行必要的、现实性的和学理性的思辨和界定,那么"企业新闻与传播"专业方向设置的全部构建和想象只能是"沙地建塔"。

一、专业新闻机构与非专业新闻机构的界定以及"企业新闻与传播"概念的提出

　　关于专业新闻机构与非专业新闻机构的界定,这是我们必须面对的第一个问题。

　　① 该文系 2011 年度江苏省高校哲学社会科学研究基金指导项目(项目批准号:2011SJD860003)的研究成果之一,刊载于《新闻爱好者》2017 年 12 期,原标题为《"企业新闻与传播"的特性及其专业方向设置的构想》,有删改。

　　② 2014 年 2 月 26 日,在国务院常务会议上,李克强总理提出:"引导一批普通本科高校向应用技术型高校转型。"2015 年 3 月 5 日,在第十二届全国人民代表大会第三次会议上,李克强总理在《政府工作报告》中再次强调指出:"引导部分地方本科院校向应用型转变。"2014 年 2 月,教育部袁贵仁在全国教育工作会议上透露,教育部将启动地方本科高校向应用技术型转型试点。2014 年 5 月,教育部再次提出 2009 年升格本科的新建本科的 600 所高校将转为应用型大学。

　　③ 王勇:《"企业新闻"的性质、内涵及其专业方向设置的基本构想》(研究报告),江苏省高校哲学社会科学课题(项目批准号:2011SJD860003)。

从某种意义上来说，报纸、电视、广播、杂志以及各种新闻通讯社等构成了传统专业新闻机构的主要方阵；而重要新闻性网站，也在近年来得到认同，成为新的传统意义上的"专业新闻机构"。从仅有新闻转载和转播的权力、没有新闻发布权，到有关主管部门给部分网站发放记者证，就是其间的重大政策利好和变化。而在事实上，传统的报刊、杂志、电视台等也与新媒体相结合，成为事实上的新闻网站的主办者，构成了所谓"全媒体"的新闻格局。这具有了风向标的意义，标志着专业新闻机构具有吐故纳新功能，曾被漠视或排除在外的新成员得以加盟。如此，报纸、电视、广播、杂志、网络以及各大通讯社等专业新闻机构的全新方阵得以重构或重组。

而所谓非专业新闻机构，从中国式的分类来说，则主要是指党政机关、事业单位以及各类不同性质的企业。这是一个极其宽泛的概念，从常识上来说，除了"专业的新闻机构"，余下都是"非专业新闻机构"，或干脆就是"非新闻机构"。本来，它们就是某种性质的社会机构而已，为什么一定要把它们与"新闻"扯上边呢？那就是这些机构不仅与"新闻"或者"专业新闻机构"发生着不同程度的、各种各样的关联，它们有着新闻宣传和传播的各种需求。而且它们自身往往也具有新闻宣传、传播的相关功能及其设置，甚至被赋予相应的新闻宣传责任。它们不仅一般都有自己的新闻宣传或企划部门，有的还有报纸、杂志、电视台、电台等；至于各种网络传播平台（如网站、博客、微博、微信等），在这个"自媒体"的时代，更是成为一种基本或标准配置，哪怕它仅是一个我们常说的"小微企业"。

然而，这里有几个颇具"中国特色"的情况需要说明。一是上述专业新闻机构几乎都曾经是"事业单位"建制中的一元；如今，它们中的绝大多数又通过各种改制，成了所谓企业，准确地说是文化企业或文化产业。而其间的绝大多数媒体在往日曾经特别彰显的政治性和事业性的特质或功能，并未因此发生改变、位移；所不同的是，它们的市场性或经营性的功能得以进一步强化。这是中国的特例。二是在一部分"非专业新闻机构"中，它们往往拥有专业的新闻机构的设置。如各级党政机关，他们本身即直接或间接拥有报纸、杂志、电视台、电台、网站等宣传"喉舌"，用以传达自己的主流价值观、路线方针政策以及各种主流声音。国务院下设的各个行政主管部门，几乎都拥有自己的报纸、刊物等，甚至还有自己的电视台。如财政部有《中国财经报》、文化部有《中国文化报》，教育部除了拥有《中国教育报》等外，还有中国教育电视台。不仅是最高党政部门如此，各级党政部门也均是如此，如省、市、县等往往办有报纸、电视台、电台、杂志等。这些，其实已经纳入专业新闻媒体的序列。这同样是中国的特例。

不过，需要加以说明的是，即使一些"非专业新闻机构"拥有"专业新闻媒体"，但去除了这些"专业媒体"的部分，仍然属于"非专业新闻机构"。这些相应党政机关也仍然有"非专业新闻机构"的新闻宣传及人才的需求。这不只是宣传文化等特殊部门，即使一些普通部门，随着信息社会、政务公开的需要，也有诸如新闻发言人之类的新闻宣传人才的需求。而在一般并不拥有"专业新闻机构"的事业单位中，对新闻宣传人才的需求,则比党政机关显得更为迫切。近年来,部分重点高校的新闻专业开设了类似于新闻发言人的培训班并进行相关理论研究,如南京大学新闻学院的政府新闻研究所、南京师范大学新闻学院的政府新闻发言人培训班等,就是对这些"非专业新闻机构"内部的新闻宣传人才需求的某种回应或应对。同样,那些近年来"转制"为"企业"的"专业新闻机构"们,自然也与我们所说的"企业新闻与传播"无关,不能因此纳入相应的范畴。

我们所说的"非专业新闻机构",其实是一个相对复杂的概念,其中的党政机关、事业单位、企业等,在其管理目标与功能定位、新闻需求等方面,均存在着巨大的差异。因此,本文的论述对象主要定位在"非专业新闻机构"中的各类企业,而新的专业或专业方向的名字则定名为"企业新闻与传播"。关于它的命名、定位、性质和内涵,我们将在下文详加论述。

其实,对新闻宣传人才有着更大需求量的"非专业新闻机构",主要是各类不同性质的企业。笔者在从事新闻工作时,曾访问过江苏春兰集团,据它当时的新闻中心主任介绍,这个中心现有70多个工作人员,而它的编制竟然是120个,尚未满编。其实,这并不值得大惊小怪,相当一部分大型企业均拥有自己的报纸、杂志、电视台、电台,更不要说更为普及的企业网站、博客、微博、微信公众号,等等。这些企业内部的媒体宣传平台,由于意识形态以及管理方式方面的原因,并未被纳入大众传媒的格局,而是打上了"内部"媒体的烙印。但是,它们对新闻宣传人才的需求却是不争的事实。大型企业如此,中小企业也是如此。即使一些小微企业,仍然有发布新闻以及进行产品宣传的内在需求。

还有一点需要补充说明的是,事业单位是中国的特殊产品,经过定位和归类,它们的相当一部分可以归为企业,一部分可归入机关,只有很少的一部分属于纯粹的所谓"事业"。这是当前中国事业单位改制的主要现实需要和理论依据。因此,在所谓的"企业"中,又汇入了昔日的部分"事业"单位。这些"企业",因其市场性和经营性的需求,它们所需求的新闻宣传人才,固然与专业新闻媒体所需求的新闻人才具有某种程度上的类同性,但也具有不同的或者说个性化的需求特性。这个问题无须论辩。

当然,随着"小政府,大社会"时代的到来,各种社会组织和机构也将会大量产生。它们不再按照传统意义的社会结构来划分,如机关、事业、企业等,但它们对于新闻宣传人才的需要,同样也是不可小觑的一个重要组成部分。这将是"非专业新闻机构"的内涵和外延的重大扩展。而一些以传媒业务为主的公司,从事着泛化的新闻活动,如广告等,它虽然具有"准专业新闻机构"的意味,但在本质上却是真正意义上的"非专业新闻机构"。

因此,在改革开放以及市场经济的大背景下,企业的范畴将会不断扩容,而其对新闻宣传人才的需求也会相应地不断增加。

对于各种专业或非专业新闻机构来说,这是一个诸侯纷争、各统一方的时代。

如果这样说有些夸张，那么，至少它构成了某种"划江而治"的格局。反正，它绝不是那个隐性的社会或存在，就如《巴黎圣母院》中的那个"奇迹王朝"。而从某种程度上来说，它的疆域，可能比前者更为广大和辽阔，也因为缺少关注和研究，也显得更为蛮荒。但确实，因为生命体的某种本能和需要（像自然界一样，一些社会组织也是具有生命的，因其具有不可遏制的生长性和发展本能），它们这些年来一直在野蛮地生长，说不上健康和蓬勃，更谈不上理性和建设。这就有待于我们的新闻教育界和学术界的介入，这是我们的使命所在——为一片早已存在的疆域和领土进行确认和命名，并从事最为基础的建设，这是一份"开疆拓土"的事业。

因此，这就是非专业新闻机构的新闻人才培养，特别是"企业新闻与传播"人才培养提出的特殊的时代大背景。

二、"企业新闻与传播"专业方向设置的必然性和必要性

目前，传统的新闻学、传播学专业的培养目标主要是为报纸、杂志、电视台、电台等专业新闻机构培养新闻人才。近年来，随着新闻人才培养规模的不断扩大，特别是新媒体日渐崛起之后，传统媒体受到巨大冲击，新闻学专业毕业生进入专业新闻机构工作的通道已经日渐狭窄。即使一些知名院校的新闻学、传播学专业毕业生，能够进入专业新闻机构工作的比例也只有 30% 左右。因此，高校传统新闻学、传播学专业面临新的挑战，其人才培养目标和定位亟需转型，对于普通新建本科高校来说则尤为紧迫。

而另据统计，截至 2015 年 5 月，全国各类市场主体达到 7 264 万个，其中，各类企业的总数为 1 959.4 万家。[①] 这是一个非常庞大的数字，全国数千家专业新闻机构与它比起来，可谓"小巫见大巫"了。在这个以网络经济和"眼球"经济为特征的时代，这些企业需要大量的应用型新闻宣传人才，其间蕴藏着巨大的社会需求空间。一个非常有力的证据是，这些年来，关于新闻策划、炒作、形象经济、品牌价值的理念也曾得到广泛的宣传，并引发了广泛争论。有论者认为，"没有策划而急于实施，乃盲人瞎马；只有策划而无实施，乃纸上谈兵；有策划而又实施，事半而功倍"[②]；又有论者如此界定企业的"新闻炒作"，"炒作是一门学问""得炒作者得'天下'""新闻引导世界，炒作引导新闻"，并认为"'新闻炒作学'是对传统新闻观的挑战"[③]。这里自然有某些过激之论，但是，整个社会对此的接受度在这些争议以及现实面前，已经大为增强。"时代变了，观念变了，企业管理的思路也正在变。过去，工业时代，人们关心的是产品的功能、价格和质量。在今天，信息时代，知识经济时代，信息与知识能非常迅速且较为充分地满足人们生产与生活的需要。于是，它们使企业之间的产品功能、价格、质量相差无几。那么，企业间竞争还靠什么？……企业形象与代表企业形

---

① 此数据来源，系国家工商总局 2015 年 5 月公布的《全国市场主体发展报告》。
② 陈火金：《策划方法学》，北京：中国经济出版社 1999 年版，第 1 页。
③ 魏剑美、唐朝华：《商业策划与新闻炒作》，北京：中国商务出版社 2005 年版，第 1、363 页。

象的品牌就是当今企业实力的根本标志。"①这是"企业新闻与传播"专业方向开设的基础,也是其社会需求的有力证明。

为此,依据社会及经济发展对新闻人才的新需要,高等学校的新闻学、传播学专业需要进一步明确为"非专业新闻机构",特别是为广大企业培养新闻"应用型"人才的培养定位及战略性改革目标。对于以"应用型"人才培养为主体的新建本科院校,也可借助"企业新闻与传播"专业或专业方向的确立,构建与传统高校新闻学、传播学专业的人才培养定位和目标形成"错位竞争"的全新格局。

作出如此选择,还基于以下原因:① 中国社会从意识形态为主体向社会经济发展为主体的社会发生转型,经济建设成为中心任务,这也带来了"非专业新闻机构"中各类企业对大量新闻与传播人才需求的扩容增量。② 这种社会转型也意味着相关新闻学、传播学专业从主要服务于政治或意识形态的需要,发展为更多服务于经济建设和社会发展,这是中国新闻教育发生"转型"和"飞跃"的一次历史性契机,具有重大现实意义。③ 高等学校服务于经济建设这个中心,就必须向"应用型"转型。由此,对于中国新闻学、传播学来说,也就蕴育了"内在转型"的需要,它的主体方向是服务于社会经济,主要方式则是"应用型"。不过,这种转型仍然是以传统新闻教育为基地和起点。这是其与传统新闻教育之间的内在关系,"内在转型"并非"全面断裂",我们对其"革命性"的充分认定是从价值层面来说的。

然而,我们高等学校培养新闻人才的现状是,基本是服务于专业新闻机构的,几乎没有一家高校为"非专业新闻机构"(特别是广大企业)量身定做,培养它们所需的各类新闻人才。而随着新媒体的崛起,传统意义上的专业新闻媒体(报纸、杂志、电视台、电台等)正在走向衰落,利润下降,人才流失,所需新闻人才也在大为减少。香港凤凰卫视董事局主席刘长乐在今年的第八届世界华文传媒论坛上说:"我们已经看到,现在传统媒体哀鸿遍野。据了解,北京的纸媒去年几乎全部亏损,只有一家赚钱,今年上半年,唯一赚钱的这家媒体收入狂跌 46%。而电视媒体也遇到了同样的挑战。凤凰卫视的电视媒体在今年上半年收入下跌 29%。"②而有 136 年历史的《华盛顿邮报》以 2.5 亿美元转手,更是敲响了传统媒体的警钟。"皮之不存,毛之焉附。"因此,高校传统新闻专业亟需转型,已是迫在眉睫。虽然,这些高校新闻学和传播学的相关专业,也正在向"全媒体"人才的方向转型,但是,与广大"非专业新闻机构"特别是企业所需的人才数量相比,则完全不在一个能量级别上。

因此,企业新闻人才的培养有着广阔的前景和利好。它不仅可以更好地服务企业、服务经济建设这个中心,也有利于大学生就业问题的解决。而对于渐趋衰落的包括新闻学、传播学等文科专业来说,也是一种新的拯救,或者一缕新的曙光。

在高等教育向"应用型"转型的时代大背景之下,高等学校的新闻学、传播学专业把"企业新闻与传播"人才培养当作自己的切身要务,不仅正当其时,也是使命和

---

① [美]肯特·沃泰姆:《形象经济·序》,刘舜尧译,北京:中国纺织出版社 2004 年版,第 1 页。
② 刘长乐:《传统媒体的转型才刚起步》,在第八届世界华文传媒论坛上的讲话,2015 年 8 月 22 日,贵阳。

责任所在。

三、关于"企业新闻与传播"的性质、内涵以及某些特殊属性的探究和思考

"企业新闻与传播"不仅是呼应社会及经济发展需要，也是适应新闻专业发展趋势提出的一个新的概念，它既要遵循新闻的一般规律，又具有企业新闻的特殊性质。它与新闻学和传播学均有密切关联。或者说，它既是一个新闻学的概念，也是一个传播学的概念。

在最初的《"企业新闻"的性质、内涵以及相关专业方向设置的基本构想》(研究报告)中，我们的提法是"企业新闻"。2015年6月，我校召开了一个新闻应用型人才培养及品牌专业建设的研讨会，在这个会上重点讨论了"企业新闻"的问题。中国人民大学郑保卫教授、复旦大学的童兵教授、武汉大学的罗以澄教授、南京大学的丁柏铨教授等均出席了会议。中国人民大学郑保卫教授认为，"企业新闻"应该把"传播"加进去，这样，不仅更贴近企业的实际，在学理上也才能说通。这个建议应该说非常中肯，也有学术上的某种高度。在"企业新闻"、"企业传播"、"企业新闻传播"、"企业新闻与传播"等名字之间，几经斟酌和反复，最终把这个专业方向定名为："企业新闻与传播"。

我们需要解决的第一个问题是，何谓"企业"？从性质上来分，企业有跨国公司、外资企业、国有企业、民营企业、股份制企业等；从规模上来讲，又有大型企业、中型企业、小型企业，等等。除此之外，一些转型后的事业单位，也包括在此列。一些传统的事业性单位，在转型之后，需要自我经营、自我宣传、自我营销，因而具备了企业性、市场性和经营性。作为民办非企业单位的民办高校、中学、小学、幼儿园，以及企业化和市场化的医院、文化出版机构以及科研院所等传统"事业单位"，均在此列。

以上提及的这些需要经营和营销的企业单位，不仅每日均会产生各种各样的新闻，同时，还需进行自身的新闻宣传和营销。这里面，既包括新闻学，又包括了传播学。这种学科交叉的特殊需求，也是我们把这个专业或专业方向定名为"企业新闻与传播"的重要原因之一。

对此，有很多值得思考和落实的问题或课题。

(1) "企业新闻与传播"包括"新闻"和"传播"两个方面。"企业新闻"的落点也有两个：一是媒体关于企业的报道，二是企业自身的对内、对外新闻宣传报道。后者是主体，即不是媒体记者写与企业有关的新闻，而是企业的宣传和新闻工作人员，如何写作自身所在企业的新闻。说到底，"企业新闻"属于"非专业新闻机构"的新闻写作，这是它的重要本质和特征之一。而"企业传播"的范畴则更为广泛，这里包括企业新闻的传播以及其他各种类型的传播需求。

(2) "企业新闻"具有高度综合性的特征，以"经营性"和"市场性"为重要特征的"企业新闻"不仅有经济新闻、产业新闻，也有科技新闻、文化新闻、社会新闻等。这是必须引起注意的一个问题，不能把企业新闻单纯等同于经济新闻或产业新闻。

（3）"企业新闻"还具有多元化的承载和传播形式。一是专业新闻媒体，包括正在崛起中的"网络新媒体"；二是企业内的各类媒体，包括企业内部的报纸和杂志、电视台、网站、博客、微博、微信公众号等。

（4）企业文化是"企业新闻与传播"的灵魂。企业新闻不仅必须具备内在精神和特色，即必须与自己的企业文化和企业精神相接轨，而且企业新闻也是塑造企业形象和品牌塑造、凝练企业文化、提高企业凝聚力和向心力的重要利器。而在中国特殊的语境下，"社会主义核心价值观"也应该成为企业文化的一个不可或缺的组成部分。

（5）企业新闻的写作与传播需要高度的社会责任感。中国企业的健康和快速发展，关系到中国的未来。这不仅是经济的未来，也是政治的未来。比如，国有企业与民营企业之间，存在着各种博弈和竞争，如何处理它们之间的关系。这关系到中国往何处去的大问题。推动国有企业的改革，推动民营企业的发展，是企业新闻与传播的重要内容。这是"企业新闻与传播"的"意识形态"。

（6）企业新闻要加强策划和运作功能。一方面承载自己的企业文化，一方面承担应有的社会责任。如江苏红豆集团，极其重视中国传统文化的重大作用，他们投入巨资对"七夕中国情人节"进行推广和包装，这是一种社会责任心的体现。应该说，作为一个被"复活"的传统节日，现在已经为更多国人所接受；而对企业本身，也起到了很好的形象包装和宣传作用。

（7）"企业新闻与传播"的运作者必须具备一定的思想高度和境界。因此，一些企业在新闻及传播方面的"捉刀者"往往是高层领导。华远集团原总裁任志强等地产界人士，他的博客新闻以及各种活动中的发言，成为企业形象、企业精神的最好宣传方式和传播载体。

（8）在企业新闻与传播问题上，我们要克服两种认识误区：第一，企业新闻与传播在客观上成为自我欣赏和自娱自乐的"内部新闻"，只满足于企业内部知道就行。其实，像专业新闻机构一样，它也具有外部导向性。在互联网的时代，这一特征得到进一步的强化。第二，"企业新闻"不是"马屁新闻"、"吹牛新闻"，更不是"撒谎新闻"。企业新闻和传播不是为自己的企业当"吹鼓手"，自吹自播，自我欣赏，它是具有社会义务和社会责任感的。

（9）在企业新闻和传播的问题上，我们还要防止三种错误倾向：一是把新闻变成了工作总结或领导讲话，这是国有企业在新闻宣传中常出的毛病；二是把新闻变成了产品广告或企业的品牌广告，这是民营企业在新闻宣传中常会出现的偏差；三是把新闻变成简单的消息类的会议新闻和活动新闻，企业新闻也可以有人物、事件、调查等通讯类的深度新闻，有追踪，有焦点，有高度。这正是对新闻写作及传播水平的真正考量，也是我们设置"企业新闻与传播"这个专业方向，为广大企业"对口"培养专业新闻宣传人才的重要性和必要性之所在。

四、"企业新闻与传播"专业方向设置的可行性及其基本构想

然而，不管"企业新闻与传播"这个专业方向有多少特殊性，它仍然属于大的"新闻学"和"传播学"的范畴。它是传统新闻传播学基础上的某种拓展和延伸，并非一般理解上的另起炉灶或推倒重来。应该说，这个专业方向的设置具备现实的基础和操作上的可能性，无论是师资、课程设置、教材等方面，均非白手起家。另外，作为一个新的专业方向，它指涉新闻学和传播学两个方面，"应用型"特征也十分明显。同时，它应该是高校、媒体与企业的三结合的产物。

当然，作为一个新的专业方向，它并非没有困难和挑战。比如说，人才培养方案的制定和落实，相关直接对口的教材编写，与企业新闻与传播相关的师资，企业实习基地的建立等，都需要全新的开拓和探索。

"企业新闻与传播"专业方向的设置，必须重视和思考如下主要环节和重要方面：

1. 专业（或专业方向）设置及人才培养目标定位的形成

这是一个实践性和应用性课题。从具体操作上来说，它是具有可行性的。"企业新闻与传播"可以先期作为新闻学或传播学下面的一个"专业方向"，在高校新闻专业中开课和招生。这是一种探索和尝试，在逐步积累经验之后，可以尝试作为一个新专业向教育主管部门提出申请。在国家主管部门不断简政放权，高校的办学自主权不断扩大的今天，这样的实验是具有政策支撑面的。

而人才培养目标及定位的形成，则是重中之重。"企业新闻"人才必须具备三大特征：一是"应用型"，必须适合企业的日常工作和新闻宣传的实战需要。二是"复合型"，这超出"全媒体"概念，这意味着还需具备新闻才能之外的其他知识和才能。这是因为企业是讲求效益的，特别是对于中、小型企业来说，不可能配置多名企业新闻宣传人才（大型企业除外），因此"复合型"、"全媒体"、一专多能成为"企业新闻"人才的基本特征，也是高校的培养目标。三是"全媒体"，主要是必须具备"新媒体"的应用能力和水平，这也是针对广大中小企业说的，一般的中小企业不会投放大量资金主办厂报、厂刊或电视台。因此，在这个"自媒体"的时代，"新媒体"是这些企业的方便、快捷、经济、理性、实用、有效的选择。而这三者，与我们现有新闻学或传播学的人才培养目标并无根本矛盾，只是需要进一步的深化和强化。

2. 依据人才培养目标及定位，重组课程及教材体系

作为一个新的专业方向，"企业新闻与传播"一方面需要学习新闻学、传播学方面的基本知识，同时，又要适应企业新闻以及企业日常宣传工作的需要，开设一些新的课程。

在传统新闻学课程的基础之上，应构建三大集成课程模块，即"企业新闻"核心课程模块、"企业新闻"基础课程模块以及"企业新闻"新媒体课程模块，并根据经济社会的发展需要，不断更新自己的教学内容。在"企业新闻"核心课程模块里，可以建设《企业新闻策划与写作教程》《企业报刊编辑实务》《企业电视台的运作和管理》

《企业新闻发布与危机公关》等课程及教材。在"企业新闻"基础课程里,应构建企业新闻宣传工作所需要的经济学、法学、策划学、市场营销等方面的课程体系,并形成相关配套教材。在现有开设的新媒体课程模块里,增加企业(特别是中小企业)新闻宣传人才所需掌握的新媒体技能,具有更完备的实用性操作技能。正如专家所说:"我们通过互联网探索的并不是一个陌生的世界,而是一个本已存在的世界,那就是万变不离其宗的人类社会。"[①]这也是大数据的时代对我们提出的必然要求,"除了上帝,任何人都必须用数据说话"。

这些年来,由于企业发展的需要,特别是对"形象经济""品牌意识"的增强,也有大量关于企业新闻的策划、传播方面的书籍出版。但这些只是满足于某种实用和一时之需,过于零散,难成体系。从建立一个专业或专业方向来说,这些是远远不够的。

3. 建设一支应用型、复合型的"企业新闻与传播"专业方向的师资队伍

传统新闻学、传播学方面的师资并不缺少,但适应"企业新闻与传播"专业方向的老师尚且匮乏。相当一部分新闻学、传播学方面的教师,并没有从事过企业新闻宣传工作或相关研究的经历;而企业的新闻宣传从业者中的多数人,又因缺乏新闻理论基础和教学经验,而难以适应高校新闻教学的需要。因此,师资队伍的培养和造就,将会成为继"教材建设"之后的第二个"瓶颈"。

我们可以设想的解决办法是,一是传统新闻学、传播学教师转型,从而与企业新闻接轨,也让自己更接"地气",这是一个新的课题;二是聘请来自专业新闻机构的、与企业直接打交道的经济新闻的记者或编辑来校任教;三是邀请具备一定新闻理论基础的、企业一线新闻宣传工作人员来校任教。他们可以带来一线的声音和需求,这对学生的"应用型"培养无疑具有重要的作用。

因此,以下三个措施必须实行:一是引进专、兼职的资深媒体人,担当各新闻实践课程的老师;二是引进具有相关资质和水平的企业资深宣传工作人员,从事与"企业新闻"直接相关的核心课程的讲授;三是以新闻理论见长的学院中青年老师,派往媒体、企业挂职或学习,以使自己尽快向"双师型"转化。

媒体、企业与学校三方融合、互补,打造适应"企业新闻与传播"人才培养所亟需的应用型和复合型的师资队伍。

4. 实践性教学的开展以及实习平台的建立

"企业新闻"的教学实践非常重要,如何把理论教学和实践教学相结合,也是值得探讨的一个重要课题。企业新闻的未来从业者,固然主要在企业从事新闻宣传工作,但又需与大众媒体频繁地打交道,这就使得他们的社会实践或者实习工作需要两个阵地:一是企业,二是专业新闻机构。作为课堂教学的延伸,实践性教学必须得到加强,并用制度加以保障。因此,该专业的学生必须有机会在专业新闻机构和企业进行实习和锻炼。因此,必须下大力气建立企业和专业新闻机构的实习、实训平

---

① 彭兰:《网络传播概论·后记》,北京:中国人民大学出版社,2009年2月版,第416页。

台,在指导老师、实训项目、实习时间及保障、实习成绩评定等方面,形成一套系统化的措施和制度。

通过以上所说的人才培养目标及其定位的确定、课程体系的设置、校内外实训平台的建设、"双师型"教师队伍的打造等,确保学生的培养质量,使学生成为应用型、复合型以及具备较高新媒体水平的优秀"企业新闻与传播"人才,满足经济社会的发展需求。

不过,在这篇论文里,"企业新闻与传播"是被加上引号的。因为,这只是一个尚不成熟的提法,还没有得到社会以及学界的广泛认可。另外,以上的阐述从学术理论上来说也显得非常粗浅,我们旨在"抛砖引玉",期待着有更多的学人和企业新闻宣传方面的专家参与进来,共同推进理论上的探索和建设;同时,我们也正在努力之中,希望它在实践上能有一个真正的开始,从而完成从理论设想到实践应用的一次新的"飞跃"。

我们期待并坚信着,"企业新闻与传播"最终会有打开"引号"的这一天。

目　录

第一章 绪 论

21世纪是一个信息爆炸的时代,更是一个数字传播的时代。信息传播的方式变得极其多样化,传播手段更加便捷,时间与空间的概念被重新定义。人们可以在线上与线下、实体与虚拟之间自由切换,随时随地接触到最新讯息,信息不对称的格局得到了较大改观,影响了人们的生活方式,加剧了商业的市场竞争。

传播时代的一个显著特征就是信息集聚与扩散的高速化和低成本化,在不同的媒介上进行内容传播已经成为人们信息交往和社会生活的主要方式,伴随着社会信息量的急剧膨胀,传播无时无刻不在发生。人们被海量信息所包围,但其中充斥着各种内容,包括垃圾信息。只有吸引并抓住人们的注意力,传播才能被称为是有效的。因此,信息内容的传播并不直接等同于信息对社会产生的影响,其关键在于信息能否在传播过程中转化为影响人们认知、改变人们行为的力量,这种力量就是传播的社会影响。

因为社交媒体的普及,媒体与公众之间的界线越来越淡化,传播已经高度渗透在日常生活与工作的各个方面,以至于人们不需要过多思考"传播什么""如何传播"就可以进行传播活动。但是,传播所带来的商业机会之多、社会效应之大、影响的受众之庞杂,如果想要在实际社会场景中有效传播,就需要掌握其背后的逻辑、运作的模式、执行方案。本章将介绍传播的分类与定义,简述传播活动的目的与社会意义。此外,本章还将从市场表现和模式研究的角度,简述西方社会组织在传播方面取得的成绩,以及这些与中国社会组织的关联和借鉴意义。

第一节 什么是传播

一、传播的界定

传播的含义非常广泛,包括交流、沟通、通信等,是一种信息共享、与他人建立共同意识的方式。威尔伯·施拉姆在《传播学概论》中将传播定义为:带有社会性、共同性的人类信息交流的行为和活动。无论是社会中的个体或是组织,只要有信息流动的需求，传播就会产生。

（一）媒介与媒体

传播与媒介、媒体是紧密关联甚至是相互依存的，绝大部分的传播都需要通过媒介得以完成。那么，媒介与媒体的区别是什么呢？在对传播展开讨论之前，有必要梳理一下这两个概念，避免混淆。

媒介（Medium），是指传播渠道或者平台，比如收音机、电视机等。

媒体（Media，也是 Medium 的复数），常指自己生产内容的机构，比如杂志社、电视台等。在很长一段时间里，这两个概念其实是混用的。原因是，在传统媒介主导的时代，报纸、杂志、广播、电视这些介质的制作和传播是一体化的，并且，不同介质的传播形式不一样，也存在着较高的进入门槛。例如，报社、杂志专门负责采集内容、编写内容、排版、印刷、发行；电台、电视台负责采集内容、制作节目、播出。

自互联网的普及，传播内容可以进行跨介质传播，而且成本很低，相同的信息可以在多种介质上出现，像报刊、书籍的内容变成网页、视频，等等。因此，媒介与媒体这两个概念开始被有意识地区分使用。

分清"媒体"与"媒介"可以帮助理解"传播"的概念。根据传播学的理论框架，传播大致可以分为自我传播、人际传播、群体传播、大众传播、组织传播。

（二）传播的种类

威尔伯·施拉姆（Wilbur Schramm），是传播学科的集大成者和创始人。人们称他为"传播学鼻祖""传播学之父"。他建立了第一个大学的传播学研究机构，编撰了第一本传播学教科书，授予了第一个传播学博士学位，也是世界上第一个具有传播学教授头衔的人。他把美国的新闻学与社会学、心理学、政治学等其他学科综合起来进行研究，在前人传播研究的基础上，归纳、总结、修正并使之系统化、结构化，从而创立了一门新学科——传播学。

传播学，是研究人类一切传播行为和传播过程发生、发展的规律以及传播与人和社会的关系的学问。从 19 世纪末以来逐步形成，在 20 世纪三四十年代作为跨学科研究的产物，诞生于美国。

自我传播（Intrapersonal Communication），是指个人不以交际为目的的内部信息处理的活动，是每个人本身的自我信息沟通。因为人的内向交流，没有向外界表达的要求，这是一个不太为人所知的传播类别。但是，自我传播发生的频率、对个体造成的影响却不容忽视。个体在接触到外界信息后，通常会进行或短或长的消化过程，自我传播就发生在这个期间。

自我传播的传播主体和传播客体是同一个人，二者集于一身，这种传播通常不使用传播媒介。一个人对社会上或家庭里所发生的某一事件、某一现象或某一问题进行的观察和思索，就是自我传播的信息源。对所观察事件做出的分析和判断，就是通过大脑接收和处理信息的阶段。信息处理的结果表现在行动上,对所观察和思索的问题或表示赞同,或表示反对,或找到了对策。自我传播过程实际上是一个人的思维过程,认识外界事物的过程。

人际传播(Interpersonal Communication),狭义的人际传播是指人与人面对面或借助媒介进行的信息交流。前者主要以语言表达信息,或用表情、姿势来强化、补充、修正语言的不足,它可以使传播主体与传播客体直接沟通,及时反馈信息,产生亲切感,从而增强传播的效果。后者使用的媒介主要有电话、交互电视、计算机网络、书信等,它可以使传者与受者克服空间上的距离限制,从而提高了传播的效率。

广义的人际传播包括群体传播和组织传播在内,可以形成亲身、群体、组织三个人际传播层次。人际传播反馈灵活,互动频繁。相比自我传播,人际传播是一种社会活动,是人类日常的社会活动之一。通过传播向他人展示自我,在他人反应中认识自我、了解他人。

群体传播(Group Communication),是指人们在"群体"范围内进行的信息交流活动。信息传播在小群体成员之间进行,是一种双向性的直接传播。群体传播会强化群体的意识,以此形成凝聚力。群体意识越强,群体的凝聚力就越强,也就越有利于群体目标的实现。此外,群体中的个体会产生归属感、认同感,获得来自群体支持的力量。群体内部和群体之间都包含着能动的相互关系。

随着信息传播技术的发展,群体传播衍生出网络群体传播(Computer-Mediated Colony Communication)。这是指网络上具有共同的利益、观念、目标等因素联结在一起的个体进行群体内部与外部的信息传播活动。

组织传播(Organizational Communication),组织传播指以组织为主体的信息传播活动,有组织内传播和组织外传播,包括组织内部个人与个人、团体与团体、部与部门、组织与其成员的传播活动以及组织与相关的外部环境之间的交流沟通活动。组织传播既是保障组织内部正常运行的信息纽带,也是组织作为一个整体与外部环境保持互动的信息桥梁。

大众传播(Mass Communication),指专业化的媒体组织运用报纸、杂志、广播、电视等大众传播媒介,对极其广泛的受众所进行的大规模的信息生产和传播活动,1945 年 11 月在伦敦发表的联合国教科文宪章中首先使用这个概念。大众传播须符合以下特征:公开的(受众不为人际交往范围所囿);面向分散的群体(受众是匿名的);间接的(在发送者与受众之间存在时间空间距离);单向的(在发送者与受众之间不发生角色互换)。但是,网络等新媒体的出现,改变了大众传播的单向性,基于现代化技术发送手段,互动性是网络传播的最显著特征。

社会组织的传播:传播的主体是社会组织,或是代表组织行使传播职能的人员,通过使用不同媒介,向公众传递有关所在组织的各种信息,并及时有效地收集公众对于信息的反馈。不论私营公司还是公共企业,不论是商业组织还是非营利组织,传播都与其发展息息相关。

可以看出，传播只在一方用可以创建和共享的信息接触另一方时才发生，所以传播是双方或多方之间内容的交换、意义的共享，可以采取多种形式，出现在生活中的方方面面。

传播的内涵是从一个个体或团体到另一个个体或团体的思想、概念、创意、感觉的传输，一直以来都是如此，然而传输的方式，即传播系统，却发生了质的改变。

（三）传播的议题

在日常生活中，人们一般把议题（issue）理解为沟通、交往中各方讨论的主题（theme，subject，topic）。在政治学、社会学、传播学和公共关系领域，人们所论及的议题是指那些利益相关者普遍关心而又尚未决定的事件（event）。

希斯将议题直接表述为一种"争论"（argument）：议题就是不同利益相关者之间，对于某一项涉及公共利益的问题所持有的不同意见和争论。

在希斯看来，议题是公共政策（public policy）的前身，它产生于各方对事实、真相、价值观、政策和组织行为的争论；当争论和冲突越来越剧烈，就可能需要通过立法或者修正公共政策加以解决。希斯的定义指明了两个问题：

一是议题产生于特定事实、价值之争，但根源是它关乎"公共利益"。

二是议题以争论、冲突的形态产生、发展、演变和消亡，最终可能促成公共政策和法案的研定和优化。

也有学者视议题为危机的征兆或前奏，特别是肇端于公共利益的舆论风险。

通常，在传播学中，更倾向于将议题定义为一种公共意见的集合及其趋势。议题之中潜藏危机之火，危机之中充满议题之争。危机传播管理框架内的议题管理，就是在事前、事中、事后监测和引导危机中的公共意见及其走向、状态。

议题管理的内容和任务大抵被明确为五个方面：

（1）议题识别与定义，即确认议题是否存在，理解议题的内容和本质，并初步评估其影响。

（2）议题监测与分析。

（3）议题管理目标及其优先性设定，即基于议题定义和监测，当事主体提出议题管理目标，以之为奋斗的方向和愿景。

（4）议题管理策略的选择与执行。

（5）政策、法案的形成和修正。

1972 年，美国学者麦库姆斯和肖总结了他们在 1968 年总统大选期间有关媒体如何影响民意的研究成果，提出了著名的议程设置（agenda setting）假说：大众媒体具有一种为社会公众设置"议事日程"的功能，媒体赋予各种"议题"不同程度的显著性，影响人们对周围世界的"大事"及其重要性的判断。

议程设置假说揭示了现代社会的这样一种运行机制：在政治、经济、文化和日常生活等诸领域，媒体为公众设置了可资关注、思考和谈论的议题，这些议题成为公众生活的日程安排。媒体对某一议题越强调,公众对这一议题的关注度也越高;反之,媒体对特定社会议题的熟视无睹或故意忽略,也会使公众削弱或放弃对这一议题的关注。

二、传播的目的

从历史角度来看,不少组织机构的管理层认为,传播是可有可无的设置:有传播则是好的,不过它对于企业的成功并不重要。在时机正确或是能够清楚识别利害关系的时候是可以进行传播的。然而,若情况位于两者之间,传播则会经常被认为是华而不实,甚至本末倒置的。在传统媒体时代,因为常常难以估计和测量传播的金钱回报,在社会组织中,传播成了昂贵的"玩具"而不是"武器",一直受制于降价、裁员等因素,甚至会出现被管理层"弃用"的情况。

如今,对于社会组织而言,传播变得非常活跃与多面。组织本身既是传播主体,与外界进行交流沟通,同时也是传播客体,比如,一家企业经常会面对来自世界各个角落的博主或网站开发人员提出的挑战,产品的缺陷会被迅速曝光并传播开来。

当传播主体与公众之间出现无效传播和信息失衡的状况时,传播的首要目的在于消除或降低社会成员之间的信息不对称。曾经,信息传播是单向的,所以解决信息失衡的方法是增加信息的分享与传输。然而,在时下的媒体环境中,传播主体之间的界线越来越淡化:传播行为是相互的,传播过程是双向的,传播活动是动态的。

科技帮助人们获取更多信息,公众对于社会事件的参与意识越来越强,公众早已不是等待被告知的对象,他们开始主动获取信息,推动事件发展。矛盾的核心已经由公众不知道信息转向了公众知道太多信息,所以,传播主体的主动性显得尤为重要。传播主体与公众的关系越来越趋于平等,原先的"有事才沟通"模式已经不能满足当下传播的发展要求,取而代之的是定期交流、日常分享。

传播是否有效需要由客观的传播效果来评价,而不是由传播过程的内容多寡及呈现方式判定。内容为王,但伴随着传播技术的飞跃发展,已经不能简单地把这句话套用在传播活动上了。传播效果最直接的体现就是公众的反馈。评价、舆论是一种短期反馈,直接且迅速;知识、态度、行为的变化是长期的反馈,也是决定传播是否真正成功的关键。

这里有必要提及一下"内容为王"的出处。内容为王(Content Is King),是传媒行业中一则为人熟知的从业理念,意思是好的内容,特别是原创内容,是传播中难以替代的竞争力。但很多人不知道,这句话其实出自比尔·盖茨。1996 年 1 月比尔·盖茨在微软网站上发表了一篇题为《内容为王》的短文,其中提到"内容将是互联网赚钱之所在,就和电视、电台一样"。(Content is where I expect much of the money will be made on the Internet, just as it was in broadcasting.)

有反馈的传播才是有影响力的。传播是一个动态的流程,在一个急剧变化的商业环境里,这一流程在提升社会组织影响力方面将会起到至关重要的作用。如果一个社会组织不能很好地进行传播,不能充分地利用传播来影响目标群体,建立与目标群体的紧密关联,不能将自己的品牌与受众之间的关系转变为可持续发展的竞争优势,不能找到有效的方法利用传播来建立起长期的品牌忠诚,那么这样的社会组织显然是不可能生存下去的。

第二节 什么是社会组织

一、社会组织的界定

在过去,市场一直是一个以集结、兼并和集中为主旨,集结买家与卖家的场所。最早的集市或市场使人们聚集到一起,人们用自己的货物来换取他人的货物以满足生活需求,并从中分享一些信息,由此诞生了社会系统。

各种不同的社会角色构成了社会群体和社会组织的基础。马克斯·韦伯认为:是否存在"管理主体"是区别群体和组织的标准。他关于组织的界定标准较为严格,与一般群体相比,组织目标更明确、更系统。一般来讲,组织具有成员各居其位、各司其职、各负其责等三大特点。

马克斯·韦伯在组织管理方面有关行政组织的观点对社会学家和政治学家都有着深远的影响。他不仅考察了组织的行政管理,而且广泛地分析了社会、经济和政治结构,深入地研究了工业化对组织结构的影响。他提出了所谓理想的行政组织体系理论,其核心是组织活动要通过职务或职位而不是通过个人或世袭地位来管理。他的理论对后世的管理学家,尤其是组织理论学家有重大影响。

人们为实现共同目标而各自承担不同的角色分工,在统一的意志之下从事协作行为的持续性体系。组织的目标更明确、更系统,需要严格的制度化措施的保证。

组织按照结构功能的合理性原则和效率性原则建立起来。组织的结构有三个特点:

(1) 专业化的部门分工。

(2) 职务分工和岗位责任制。

(3) 组织系统的阶层制,不论等级制或扁平式管理,都是一种指挥管理制度的体现。

社会组织是人们为了有效地达到特定目标,按照一定宗旨、制度、系统建立起来的共同活动集体,是一类社会主体。在实际社会生活中,工厂、机关、医院、学校、商店等都是社会组织的具体形式,其主要特征有:

(1) 特定的组织目标。组织目标一般是明确的、具体的,表明某一组织的性质与功能,人们围绕某一特定的目标才形成从事共同活动的社会组织。组织目标是组织活动的灵魂,它可以是单一的,也可以是具有内在联系的目标体系。

（2）一定数量的固定成员。社会组织是由至少两个或两个以上的个体组成的系统。组织成员是相对固定的，成员明确地意识到自己属于某一组织；社会组织如无固定的成员就失去了自身存在的实体基础，进入或退出一个组织必须按照一定的程序进行，特别是组织成员资格的取得一般都要经过组织的考核与审查。

（3）制度化的组织结构。为了实现特定的目标并提高活动效益，一般都具有根据功能和分工而制度化的职位分层与部门分工结构。只有通过不同职位的权力结构体系，协调各个职能部门或个体的活动，才能顺利开展组织活动并达到组织目标。

（4）普遍化的行动规范。它一般是以章程的形式出现，并作为组织成员进行活动的依据。组织的行动规范是每个成员必须遵守的，它通过辅助的奖惩制度制约组织成员的活动，以维护组织活动的统一性。

社会组织是一个开放的系统，就每一个社会组织来说，它不仅自身要与周围环境进行物质、成员、信息的交换，而且还根据与其他组织的关系，组成不同的组织体系，在更大的范围内和更高的水平上与外界环境进行各种形式的交换。一个组织如果绝对地自我封闭，组织的生命也就停止了。

二、社会组织的分类

按照组织目标和获利者的类型，美国社会学家布劳等人将社会组织分为：互利组织，如工会；私有者的赢利组织，如商业组织；服务组织，如医院；公益组织，如政府机构。还可以按照组织对成员的控制类型划分为：强制性组织；功利组织，即以金钱或物质控制其成员的组织；规范组织，即通过将组织规范内化为成员的伦理观念或信仰来控制成员的组织。

布劳主要从事社会学经验研究和理论建设工作，探讨社会结构、社会组织问题。主要著作有：《官僚制组织动力学》《社会生活中的交换与权力》《美国职业结构》《不平等和异质性——社会结构的原始理论》等。

中国的一些学者根据人们社会结合的形式和人们之间社会关系的表现，将社会组织分为经济、政治、文化、教育、科研、群众以及宗教组织等类型。组织类型的划分都是相对的，人们可以从研究和分析的需要出发，选择恰当的分类标准。

任何一个社会组织要实现其特定目的和功能，都必须执行必要的职能，比如人类社会的市场营销、生产运作、财务会计、人力资源利用和开发、技术研究与开发等，其中，市场营销、生产运作、财务会计是社会组织的三项基本职能。

市场营销，是指对于现状未满足的需要和欲望，估计和确定需求量大小，选择和决定企业能最好地为其服务的目标市场，并决定适当的产品、服务和计划（或方案），以便为目标市场服务。通过市场营销，可以引导新的需求，获得产品和服务的订单。

生产运作，是根据市场营销的结果，按数量、质量、交货期的要求，为顾客创造产品和提供服务。

财务会计，是根据市场营销和生产运作的需要，筹措资金并合理地运用资金，支付账单，收取贷款。同时跟踪组织的运作状况，对发生的各项收入、支出进行记录、核算，对组织的业绩进行经济分析与评价。

社会组织在竞争环境中运作，因此它们很早就意识到，树立富有吸引力的形象能够创造价值，特别是企业——人们最熟悉的社会组织之一。现代管理学之父彼得·德鲁克说过："企业的首要任务就是要制造消费者……生意是由消费者来决定的。只有消费者愿意为一件商品或是一项可以将经济资源转化为财富的服务付钱。消费者购买或者考虑的价值从来都不是一件商品，而是它的实用性，也就是说，这件商品或服务到底可以为消费者做些什么。"因此，相比其他社会组织，企业传播与企业发展之间的联系变得越发紧密。

组织的传播要求把首要重点放在整个组织的问题上，并且组织的传播具有长期性，它不直接以销售促成为目标。因此，企业传播强调的是组织目标的实现，而不是某个季度的营收指标。此外，企业传播不仅需要强调外在形象的提升，而且还要注重指向内部的活动。内部活动可以创造一种"诊断和修正能力"，可以激励所有员工齐心协力支持公司的总体目标，而不是仅仅把眼光放在自己的职责任务上。同时，近几年来，非营利机构正越来越关注传播问题，希望通过有效的传播实现组织目标。

本教材侧重于探讨的西方社会组织类型是：企业、政府、其他社会机构（公益组织、民间组织、国际组织）。

第三节　西方社会组织的传播影响

一、西方社会组织的传播任务

在全球范围内，西方社会组织比较早地认识到传播在组织业绩中占据着核心地位。通过传播，组织才能获得保持正常运作所必需的各种重要资源。唯有通过传播，组织才能掌握需要的基础资源，比如资金、劳动力和原材料，并逐步强化可维持其运转的宝贵的间接资源的积累，比如"合法性"和"声誉"。而组织机构是否可以成功获取以上资源，很大程度上取决于它与资源持有者之间的沟通。

目前，绝大多数具有前瞻眼光的西方社会组织通常都认同这一点：传播，不管其具体形式如何，是企业的战略资源，同时也是企业的竞争工具。在竞争高度激烈的市场上，企业可以利用其传播资源来支持品牌建设、组织发展，使传播成为企业可持续的竞争优势。

以美国为例，美国有良好的市场环境，是传播学的发源地。大部分的美国社会组织已经深入理解了传播的含义与目的，在执行层面，可以有条理地分解任务；在决策层面，可以战略性地制订计划。同时，有丰富的实际操作与现实应用作为研究案例，美国的组织传播理论发展得较为成熟。心理学、社会学、传播学、管理学，针对组织运作及传播应用的方方面面,各个学科的研究领域也不尽相同。

从宏观的角度看,社会组织的传播是一系列举措的集成,目的是实现所承诺的"社会责任""良好组织"等积极形象。消费者与品牌互动关系是建立强大品牌与良好品牌形象的一个重要的前提。面向公众的对外传播,以充实组织形象、建设组织品牌、弥合公司理想身份特征和品牌特点之间的差距为核心任务。

从微观的角度看,社会组织同样需要完成面向组织内部的传播任务。对内而言,组织的传播功能包括内部协调、指挥管理、决策应变等,指出在传播领域中哪些人应该执行哪些任务、动员内部和外部力量来支持企业目标的实现、梳理并实施有效的工作流程,推动与传播事宜相关的决策制定。在员工之间就组织目标达成共同认识,帮助提高组织内部的工作满意度,内部传播的最终目标是促进组织战略目标的执行。

在对内、对外分工明确的基础上,西方社会组织十分重视内部传播与外部传播的一致性,做到分工不分家。整合已经成为西方社会组织开展传播工作的共识,也因此成为了西方社会组织的一个传播特点。

二、西方社会组织的传播特点

社会组织衍生出了多种专门团队,这些团队的职责是与既定的利益相关方进行沟通。无论是在企业层面,还是在业务单元层面上,现代组织通常都是通过专门负责生产、销售、传播的部门来进行运作。这种分散方式导致组织的传播系统出现了某种碎片化,多年以来,这种碎片化一直严重限制着其运作的效率。

曾经,西方社会组织的传播活动是分散在不同的营销部门中的;销售主要是负责和渠道里的客户打交道,而市场通常负责研究和规划,当然还包括制作销售所用的各种物料,并负责对最终使用者的传播。市场和营销传播部门应该将其精力更多地放在发展传播战略上,而不是纠缠于战术性的传播活动。对于一个企业来说,无比重要的一项工作是制定传播策略,用以引导和支持企业的整体任务,包括定性和定量目标。

现在,越来越多的西方社会组织意识到传播必须推行集中化管理。简而言之,不管公司做不做整合,最终顾客都会把企业的传播整合在一起。整合营销传播的目的是减轻顾客肩负的整合重担,确保传播出去的印象是对公司有利的。企业传播帮助组织在利益相关群体心目中创造了独特且富有吸引力的形象,构筑了强大的企业品牌,并发展了声誉资本。为了实现这些目标,所有的传播形式都必须被协调成一个连贯的整体,还必须形成能够衡量组织传播对声誉和价值作用效果的成功标准。显然,没有人能够完全地掌控全局,但尽管如此,以更为连贯的程序去协调迥异的传播特质,帮助限制其负面效应是可行的。

西方社会组织在持续不断地以多种多样的方式向其已有客户和潜在客户进行传播,这样的活动有的可能是事先规划好的,有的可能并没有经过任何事先规划。

真正的挑战是要将整体的传播系统全部整合起来，而不只是简单地将公司所策划和实施的受控传播的零散碎片加总起来。形成企业传播观念并不需要在组织中设置新功能，相反，它只是要求打破大多数组织内横亘在传播机制间的传统壁垒。

三、对中国社会组织传播的借鉴作用

西方社会组织，以美国为例，可以在传播领域处于领先地位的原因就在于，美国是商品经济、企业制度最为发达的国家，从文化传统到现行制度都非常鼓励企业精神。过去四十多年以来，大型企业不断地向市场推出各种各样的产品和服务，这一点在美国表现最为明显，胜过任何一个其他国家。一方面，美国企业深知实现利润优化是最关键的目标；另一方面，这些企业明白消费者是短期利润和长期发展的保证。

此外，品牌形象概念繁杂，品牌形象研究虽多，但概念非常不稳定。有些西方流行的模式与理论无法完整全面地翻译成中文，造成研究和应用的混乱，使专家学者将品牌识别与品牌形象的概念混淆，同时由于品牌形象与实践联系紧密，品牌形象的概念一经出现就被大量的通俗杂志和并不严谨的顾问公司大量应用，使得其概念内涵难以统一。

基于当前中国的实际，社会组织的传播研究与应用仍然面临较大的挑战。不同国家的人员即使对于同一组织、同一品牌，形象认知仍会有很多不同的地方，也就是说，在不同的文化背景下，受众与传播主体的互动模式也是不同的，因此结合实际情况，传播本土化发展是国内社会组织必不可少的一步。

综上所述，西方社会组织的传播理论较完善、传播活动较成熟，传播方面的研究也始终随竞争形势的变化而不断推陈出新。近年来，我国经济形势进入新常态，社会组织不断推进对传播工作的创新，也在这方面取得了一些不小的成就，但是总体上来说，我国的社会组织传播基本上还处于向西方先进理论、优秀案例学习和消化吸收的阶段，还需要进一步的完善和提高，但是相信社会组织的传播会随着社会市场经济的发展不断丰富完善，推陈出新。

第二章 西方相关经典理论解析

所谓传播,是指信息的传递和共享过程,是人与人之间所有关系赖以生成的根本机制。传播是一个信息共享过程。传播是在特定"场域"内进行的,话语只有在特定语境中才能获得意义。大部分组织的传播活动在规划阶段很少,或者完全没有意识到将传播理论与实践情况相联系,为此,本章的目的在于阐发同社会组织活动联系最为紧密的三种理论,分别是组织传播理论、公共关系理论和营销传播理论,通过理论指导实践,实践反哺理论,实现二者的有机结合。

第一节 组织传播理论

一、组织的定义

组织介于个人与社会之间,是二者的中介和桥梁。组织是微观的社会系统,远古时代就已经存在组织的雏形。人类早期为生存而群居、为狩猎而协作、为分享猎物而协作,都是一种组织活动或组织形态。显然,组织有较强的社会性,根源于人类的社会协作以完成特定意义的行为。现代组织为实现目标,仰仗一系列的制度化运作和管理,需要通过组织内外的各类信息传播来协调。

组织中的个人有自身的个性,但由于身处组织内,因而带有组织赋予的种种烙印而成为组织人,所以组织中的人具有个体和组织成员的双重属性。组织是个体的集合,但又不是个体简单的叠加,组织内的人各居其位、各司其职、各负其责,在良性状态下,组织的功能大于个人功能相加之和。

二、组织传播的定义

组织传播,是指某个组织凭借组织系统的力量所进行的有领导、有秩序、有目的的信息传播活动。一个组织的目标、系统、规范的形成和运作都离不开传播,而组织传播活动又必须凭借组织的系统才能进行。

组织传播是组织成员之间、组织内部机构之间的信息交流和沟通。它的根本任务是清除或减少组织及组织成员对自身环境的不确定性,沟通组织内部的联系。组织或多或少意味着一定的约束,没有约束就没有组织。组织意味着目标,没有目标就失去组织的意义和合法性。因此,组织传播的"意图性"远大于人际传播。组织的结构、组织人在组织中权利与职责的成形,是理解具体一个组织传播特点的两个要素。

组织传播可以大体分为组织内传播和组织外传播,但两者很难截然分开。组织内部人与事的传播,会不同程度地涉及组织成员视野中的所有人与事,组织间和组织与外界的互动,也经常成为组织内传播的题中之义。外在世界发生的很多事情,在组织内传播需要得到一种组织的理解和阐释,或强调或弱化,或忽略或凸显,或顺应性解读或对抗性解读,等等。组织在此扮演"把关人"的角色。因此,组织传播研究虽然主要涉及组织内的人与事,但也包括不同场域和空间中的人与事,因为它们会投射到组织中,但经过组织的过滤和选择,反映出组织的某些特点。

早期的组织传播研究者多数是企业管理学家或为企业管理服务的心理学家,因而大部分实例都与企业管理有关,而企业只是组织的一类,政府机关、政党、行业组织、学术团体、社会兴趣团体、各种非政府组织,还有家庭、宗教组织等都是组织的类别。组织的结构特征差别很大,松散或严密程度差别也很大,因而组织的内外传播很难用一种模式来阐述。

除了组织内外传播的划分,还可以根据组织内的关系结构特征,将组织传播分为正式传播和非正式传播;根据传播渠道的性质可分为技术性传播和非技术性传播。

组织传播分为正规的和非正规的组织传播,正规的组织传播是"严格地按照组织正规的权力、职能结构、等级系统和交流渠道等进行的交流活动",它对于组织的生存发展有着重要作用,是传播学者们研究的重点。非正规的组织传播"发生于组织内部的非组织性的传播",是一种没有与组织的正规结构等级和交流网络相对应的信息交流,有任务性和情感指向性两种交流。正规的组织传播具有权威性、法定性、强制性、规范性、严谨性和程式性等鲜明特点,而非正规的组织传播以组织内部的情感指向型传播为主,十分接近于人际传播。

三、组织传播的三类理论

美国组织传播学者凯瑟琳·米勒用类比的方式概括了组织传播理论,进而概括了组织传播理论的特点。[①] 这种类比生动且隐喻恰当,得到组织传播研究者们的认同。

(一)以"机器"类比组织

古典学派在工业革命的背景下,以机器来类比组织的特征和在其中的人。他们

---

① 陈力丹:《组织传播的四类理论》,《东南传播》,2016 年,第 2 期,第 29～31 页。

主张组织的结构应该类似机器。机器具有专业化、标准化和可预测性等特点,任何机器都是依照一定标准和原则组合起来的,各个部件具有特定的功能,可以替换,具备故障的可预测性。这样的类比强调由人组成的组织也应具有专业化、标准化和可预测性的特征。

19 世纪,英、法、德、美等国的工业革命造成经济扩张,引发了企业组织制度的巨大变革,新型组织不断涌现,带来了思想、方法和技术的变化,从而形成了以生产为中心、管理为导向的古典学派理论。

古典学派对于传播过程如何运作,或者说由谁、通过何种渠道、对谁、说什么乃至产生了什么影响,都有明确的观点。他们认为,传播与沟通的存在是为了通过纵向的、正规的渠道推进领导者对组织的指挥和控制。因此,古典理论中组织的大部分传播,是以命令、规定和指示的方式从上到下流动。传播就是信息的传递。传播过程被看作一只携带信息的、由一个人传给另一个人的水桶。唯一承认需要反馈的地方就是定期报告计划的进展状况。在某种意义上可以说,信息是通过一系列报告逐级上报的,而信息下达也是通过一系列传声筒传达的。在组织的较高层级,工作涉及的计划和协调越多,水平流动和自由流动的传播的可能性就越大。然而,水平流动和自由流动的传播终究是古典理论中的特例。①

这个学派的代表人物有法国管理学家亨利·法约尔、美国古典管理学家弗雷德里克·泰勒,以及德国社会学家马克斯·韦伯。韦伯将官僚组织视为一个由权威、权力和纪律组成的系统。在这样的组织中,传播主要表现为书面的、正式的、垂直流向的指令和简单的机械式回应。列宁关于党的出版物是“整个革命民主主义机器的齿轮和螺丝钉”的论述、关于党报《火星报》的建党作用就像建筑物修建中的“脚手架”和砌墙的“引线”的论述,亦是用机器(机械劳作)类比俄国社会民主工党的组织特征。该学派将组织看作机器,追求工作效率的提高,具有一定的合理性。但忽略了组织的主体即组织成员个人的精神需要、自我满足以及社会互动的精神需求。

(二)以“家庭”类比组织

人际关系学派注重组织中人的行为的动因,把行为动因看作一种社会心理现象。他们不赞同用机器类比组织,反对把个人看作能够随意替换、只受经济因素或政治理想驱动的齿轮;他们重视情感在组织中的润滑作用,主张把组织成员看作需要关心、社会互动和成就刺激的个人,他们不仅为经济和政治理想所驱动,也为满足较高层次的需要所驱动。于是,他们以家庭来类比组织,认为在组织里,成员应该像家庭成员那样获得归属、安全、自我实现等方面的满足。他们更重视组织中情感方面的人际传播、纵横交错的传播流向等非正式传播。

组织中的小群体对员工行为的影响,超过正式组织权力结构所发挥的影响,工

---

① 胡河宁:《组织传播早期研究中的古典理论学派》[J],《今传媒》,2010 年,第 11 期,第 24～26 页。

作中的人际关系所产生的社会性满足,有利于提高生产效率。

该派的代表人物、美国社会心理学家马斯洛提出了一个与人的动机有关的需要层次论。他认为,人受到很多基本需要的驱动,并且这些需要有层次之分。第一至五层次需要分别为:生理需要、安全需要、归属需要、自尊需要和自我实现需要。由第一层次需要依次类推,后一层次需要的产生以前一层次为前提。马斯洛的需求层次论为人际关系学派提供了理论。

另一些学者也以家庭类比组织,强调员工对组织的智力贡献和个人劳动是达到组织目标的重要因素。这些人被称为"人力资源学派"。该理论认为团队型管理实现了对人和生产的并重关心,能有效激发员工的潜力,实现生产和员工自我满足的双赢,是一种最为可取的管理风格。毛泽东在《为人民服务》中说:"我们都是来自五湖四海,为了一个共同的革命目标,走到一起来了……我们的干部要关心每一个战士,一切革命队伍的人都要互相关心,互相爱护,互相帮助。"这就是在用"家庭"比喻革命组织。

（三）以"系统""有机体"类比组织

以上两种类比均偏重于关于组织的理想性建构,忽略了组织实际的运行状态,于是有部分学者把组织类比为系统或有机体,关注组织传播的实际运行,他们构成"系统学派"。

拉美特利在《人是机器》中提及"系统学派"。该学派认为,一个有机的组织由若干个子系统构成,这些子系统按照一定秩序排列,相互依存。组织不是独立自主的机器,而是必须与周围环境互动以求得生存的复杂有机体。组织与外部环境之间、组织与各子系统之间、子系统与子系统之间必须彼此开放,允许各种信息在其中进行交流和反馈。

美国东卡罗来纳大学传播学教授艾伦1976年做了一项组织传播网络的分析,展现了组织系统的复杂性。组织成员的地位和角色各不相同,他们之间的连接方式也有差别,由此构成一个传播系统。

她把网络关系中处于不同地位和角色的成员分成四类:桥(Bridge)、联络人(Liaison)、孤立人(Isolate)和明星(Star)。

桥是某一个群体中的个体,他与其他群体相联系,因此是两个或更多的群体之间的纽带;联络人像桥一样,将不同群体联系起来,但他与不同的群体都有很多联系,而不仅仅是与某一个群体;孤立人如这个词汇所示,在传播的网络中属于不大活跃的个体,他们只与个别人有联系或不与其他人有相互关系;明星指的是组织中最有交际能力的个体。

这个学派除了网络分析外,还运用个案分析、模型分析勾勒出组织传播中的复杂关系。个案分析通过观察与特定问题纠缠在一起的组织传播状况,来理解整个组织系统的传播;模型分析用统计技巧等来建立组织中传播行为和过程的模型,评估组织传播系统的复杂变化。

一部分学者将组织类比为一种文化,侧重从文化的特点解释组织的传播行为,被称为"文化学派";另一部分学者侧重揭示文化如何统治组织,被称为"批判学派"。

文化学派认为每个组织都有自己的行为方式以及关于这些方式的解释,研究组织的传统、故事、仪式、庆典、价值观、信念、行为是他们的主要工作。他们认为,传播贯穿组织运作的全过程,通过传播形成组织的文化,透过组织文化可以解释组织的行为。

美国管理学家艾德加·沙因提出的组织文化层次模型是文化学派中较有影响的理论。他把组织文化分为三个层次:

第一层次是该组织的外在价值观,如组织的建筑、家具、设备、服饰、文件、称谓、决策风格、会议风格等由组织成员创造的物质和社会环境。这是组织文化的外在表现。

第二层次是该组织的主体价值观。假如一个组织的管理者强调成功源自奋斗的价值观,那么他可能不仅要求自己,也要求组织成员勤奋工作,经常提出加班要求。如果这种价值观得到组织成员的认可,可能成为组织成员的价值观。

管理者的价值观虽处于强势地位,但个人的价值观也会与管理者发生冲突,例如一个组织成员持有注重效率和享受的价值观,认为只要在工作时间中高效地完成工作,下班后就应该多享受生活,那么他可能抵制加班。这时就需要组织文化的第三层次来协调,即组织成员更高层面的世界观,例如对人与自然、现实、真理、人性等基本问题所持有的观点,这些观点往往是组织成员期待或向往的。也正因如此,组织需要通过不断细化、落实第三层次,使之体现在实际工作场景中,从而与组织成员达成一致。

文化学派关注组织文化的构成,但忽略了形成组织文化的深层次原因;批评学派则指出组织文化后面隐藏的权力结构,它如何控制组织的传播活动。他们认为,组织中存在广泛的权力来源,有些是明显的,如权威、对稀缺资源的控制、对信息和知识的控制等;有些是隐蔽的。批判学派重点研究的是隐蔽权力的存在,例如对生产方式和技术的控制、对性别问题的控制和对话语的控制。

第二节　公共关系理论

一、公共关系的定义

现代公共关系诞生于 19 世纪末 20 世纪初的美国,参与了美国工业化及城市化进程中劳资冲突、阶层对抗、垄断危机和精神信仰危机的解决。学界对公关的定义存在三个经典路径:管理说、关系说和传播说。其中,管理说认为公关是一种独特的管理职能,关系说强调组织与公众之间彼此关系的建立与维持,传播说则提出公关由各种计划性的沟通、交往所组成，国内外至今对公共关系也没有形成一个统一的定义。

在实际应用层面，公共关系有助于建立和维护组织与公众之间双向的沟通、理解、接受与合作。它包括了问题议题的管理，它有助于管理层了解公共舆论并对之做出回应；它能够帮助管理层认识到组织为公共利益服务的责任；它使管理层能够时刻了解并有效利用各种变化，发挥早期预警系统的作用，帮助管理层预测发展趋势；调查研究和充分、平等的沟通是其主要的工作方法。

管理学派认为公共关系要解决现实的沟通与冲突问题，其理论架构完整，将公共关系由实务导入学术研究的领域，实证研究相当可观，成果丰富。该学派提倡理想性与实用性并重的"社会角色"功能，将"社会责任""公共利益"与"双向对等沟通"等理论导入公共关系运作的范畴中，对于增强公共关系的专业性与道德规范，有不可忽视的贡献。通过将公共关系引至策略管理层面，公共关系开始跳脱传统认知中"公关等同于宣传"的窠臼，强化公共关系的"管理"与"咨询"角色，并且将"冲突管理""危机管理"等引入公共关系的范畴，拓展了公共关系理论研究的内涵与外延。

二、公共关系理论的发展

（一）创立时期的公共关系理论

20 世纪 20 年代至 40 年代，美国后内战时代的工业、铁路以及公共事业的发展取得了引人注目的成就，这为公共关系的"粉墨登场"提供了舞台。这一时期既造就了大批量的生产，也造就了大众传媒，为了推动商业利益，广告代理人应运而生，并且得到越来越多的雇佣。

20 世纪初追求公共关系的职业化与专业化。爱德华·伯尼斯从理论上对 20 世纪美国的公共关系实践进行了概括与总结，并且使之成果化。其公共关系思想的核心是"投公众所好"。他认为，公共关系工作首先要确定公众的价值观和态度，并且投其所好，有针对性地开展工作。此外，他还提出了公共关系人员应该履行社会责任和义务的观点。

伯尼斯的公共关系思想既着眼于"单向"传播，又偏重于维护组织利益。这些思想为公共关系学的建立奠定了理论基础，也为以后的学者对公众的研究提供了理论依据。其杰出贡献在于正式将原来从属于新闻的公共关系分离开来，把公共关系发展成了一门独立而又系统的学科，奠定了公共关系职业化和科学化基础。

（二）成熟时期的公共关系理论

20 世纪 40 年代至 70 年代，第二次世界大战给社会环境带来急剧的变化，这也促进了公共关系的加速发展。"二战"之后，以市场为轴心的各种横向联系空前发展，致使企业门户彻底开放；加上大众传播媒介和现代沟通技术的迅速发展，导致了企业通过市场和传播媒介与整个社会联成一体。因此,良好的公共关系和社会舆论对于企业的生存和发展具有至关重要的作用。在这种情况下,公共关系作为一种经营管理观念和功能,一种市场营销策略和手段,一种公众传播方式和技术,也就迅速职能化了。

随着《公共关系杂志》刊物的创立,一系列重要理论陆续出现,并形成了完整的公共关系学科思想,标志着公共关系理论建构上的成熟。

双向对称理论。美国学者卡特利普和森特在 1952 年出版的《有效公共关系》中,提出了"双向对称"的公共关系模式。他们认为公共关系的最终目的是要在组织与公众之间形成一种和谐的关系。公共关系就是一方面把组织的想法与信息传播给公众,另一方面把公众的想法与信息反馈给组织。只有这样,才能够达到双向沟通,从而产生对称平衡的良好环境。

"双向对称"模式超越了原来的"单向沟通"模式,科学地界定了公共关系"传播沟通"的双向互动特征,从而把"公共关系传播"与"宣传""广告传播"严格区分开来。"双向对称"模式迄今仍然属于现代公共关系活动采用的基本模式。

公众分类理论。格鲁尼格根据社会学家布鲁默和哲学家杜威对大众与公众的划分,对公共关系的公众进行了界定,分为非公众、潜在公众、知晓公众和行动公众四大类。提出了"公众的情境理论",该理论把不同情境中的公众划分,大大细化了人们对公众的认知,同时也使公关理论的专业化向前迈进了一大步。

对公众的研究是美国公共关系研究的一个重点,其中所提出的公众情境理论是探讨公众及其传播行为的一种理论,它用三个自变量来区分不同的公众类型,并用两个因变量来解释公众在问题情境下的传播行为。三个自变量分别为:问题认知(problem recognition)、涉入度(involvement)和受限认知(constraint recognition)。问题认知是指当人们意识到某些事情缺失而形成一个问题,且未能立即解决的一种状态;涉入度是指人们感知到自己与某一问题情境的关联程度;受限认知是指人们意识到某一问题情境中的束缚,这种束缚限制了人们解决问题的能力,即人们感知自己在解决问题时所面临外界限制的大小。另一方面,不同公众面对问题情境会做出不同的行为反应,即两个因变量:信息搜寻(information seeking)和信息处理(information processing),前者体现了个体从外部寻求信息的过程,后者则体现了个体在内部加工信息的过程。

公共关系角色理论。公共关系传播主体学说,同时也是从公共关系管理角度对公共关系人员所做出的岗位分类,为公共关系组织人员的构成奠定了理论基础,在一定程度上解决了公共关系部门人员构成等现实问题。公共关系人员表现为两种主要角色和三种次要角色。两种主要角色是传播的技术人员和传播的管理者;三种次要角色是熟练的专业技术人员、传播的推进者和问题解决的促进者。现代社会中公共关系部门内部的职务、职别和职位的划分,就是随着公共关系角色理论的成熟而完善起来的。

（三）完善和创新时期的公共关系理论

20 世纪 80 年代后，美国公共关系管理整体研究呈现上升趋势，一批学者对公共关系管理进行了系统全面的研究，其中涉及传播管理、关系管理、冲突管理、信誉管理、议题管理和危机管理等多个领域。本小节将侧重介绍目标管理理论和语义修辞学理论。

目标管理理论。公共关系目标管理理论，系统地运用有效的管理技巧来运转一个组织，具体规定了所要取得的成果，分别是后果、结果、影响，这也是美国公共关系管理通常选择参考的三项基本目标。相对应地，目标管理理论为选择战略、监督工作表现和进展、评价项目的效果确定了标准，分别是领先指标、线性指标、趋势指标。这三方面的有机结合构成了公共关系管理的基本指标。

语艺修辞学理论。语艺修辞学理论认为，公共关系是一个组织话语的"修辞者"，口号、标语、宣传、公共演说等所有与符号生产有关的业务都是公关人员的职责，组织形象和声誉管理更是公关工作的重中之重。在这种理论指导下，公关从业人员是代表客户出现在公众舆论"法庭"上的"律师"形象。

语言是人类创造的表达工具，同时语言也反过来建构表达者。自古希腊起，西方文化就把修辞视为公民的一种基本素养：造就有能力参与公共讨论、介入公共事务的合格公民。亚里士多德认为修辞存在三个基本要素：逻辑、信誉和情感。逻辑即透过"事实之所以如是"的理性论证实现说服；信誉指向了表达者的基本资质——可信度，有信誉的人才能说服别人；情感是指表达者与聆听者之间的心理状态，表达者若能触动、引发聆听者积极、正面的情感，而压抑、安抚消极、负面的情感，就有可能在"心灵共振"中达成说服目的。组织形象和声誉管理更是公关工作的重中之重，即要解决组织的语艺、修辞与形象问题，并以说服理论与文化研究为基础，发展出适用于公关研究的理论架构与研究方法。通过塑造组织的健康形象，或是以其他公益提升形象，提供公共关系日程运作基础与实务准则。

除去以上介绍的目标管理理论和语艺修辞学理论，大多数公共关系研究都是基于卓越理论的成果。该理论是由 J.格鲁尼格和亨特在 1984 年创立的，随后 J.格鲁尼格和 L.格鲁尼格在 1992 年对该理论进行了更充分的阐述。卓越理论基于公共关系实践中的类型，该类型也被称为"模式"确立的四种模式，提供了一种对个人和公司可能实际运用的公共关系类型进行分类的方式。

在公关关系计划的优质理论范畴中，模式一是最不理想的，模式四是最理想的，或者说"最卓越"的。模式二和模式三介于两种极端模式之间。

模式一——媒体宣传模式。在这种模型中，公关人员执着于他们的公司或产品被广而告之。他们可能使用也可能不使用真实的说明。谎言、半真半假和不完全的真相都是被默许的，公关人员信奉已久的口号是："所有的宣传都是好的宣传。"这表明了一种由公司向公众单向传播信息的方式。这种模式只需要少量的甚至不需要进行调查研究,也不需要受众的反馈。不幸的是大部分公关人员都属于这一范畴。随着公关人员专业知识与技能的增长,公共关系专业也越来越受到重视,运用该模式的公关人员有望减少。

模式二——公共咨询模式。这种模式的特征是公司寄希望于信息发布,以便更能体现新闻专业性。该模式与模式一的区别在于信息的内容必须真实。当今大多数政府机构的公关实践活动都属于该范畴,这种模式也是一种由公司向公众单向传播信息的方式。在此过程中,很少或者不需要进行调查研究。该模式也许会使用某种评估方式,例如读者调查或计数新闻简报。在公司中,模式二的运用最为常见。

模式三——双向不对称沟通模式。双向不对称沟通模式又被称为“科学说服力模式”(scientific persuasion model),在此模式中,公关人员使用社会科学理论和研究成果,例如调查和民意测验,来说服公众接受公司的观点立场。该模式会有一些反馈信息,但由于有沟通管理机制,公司不会改变结果。在这种非对称模式的公共关系方案中,公司有支配管理权,因而公司总是知道什么是最好的。此模式主张公众应该坚持公司的立场。

模式四——双向对称沟通模式。该模式的公关实践人员也把双向对称沟通模式称为“相互理解模式”(mutual understanding model),他们是公司与其顾客之间沟通的媒介。如同其他模式,公关人员试图实现双方的对话而非公司一方的独白。管理者和公众双方都可能因为沟通计划改变各自的行为。研究调查和社会科学理论不是用作说服受众,而是用于同受众的沟通交流。公司可以在与消费者充分沟通交流的前提下,聆听消费者的意见并对相关计划作出调整,也可以利用社会化媒体网络对公众解释公司的政策。在危机事件中,公司往往受环境所迫与处于对抗状态的公众进行双方对称的沟通活动。所以在实践中,一个公司有可能同时采用模式二和模式四的方式。

三、危机传播中的公共关系理论

在学术领域,危机传播和公共关系属于相对新型的领域,且正在研究发展自己的理论。应用于危机传播的理论通常汲取了传播学,包括说服理论和修辞学、社会学和心理学等理论。

风险(Risk)和危机(Crisis)是常会被混淆的两个概念。然而,两者的含义有所不同,风险是指可能出现的威胁或危险,危机是指即将形成或已经显现的破坏或损害。所谓大风起于青蘋之末,风险是危机的前奏,危机是风险的显化。因此,风险管理是组织规避危机的重要保障,是建立危机预警体系的第一步。风险管理是对风险信息进行搜集、分析和处理,以形成应对计划,进而预防、控制风险的过程,这一过程主要包括风险确认、风险评估和风险控制等环节。

(一)危机传播的特性

危机传播作为一种非常态传播,是一个失衡的脆弱的信息系统。其信息共享过程充满了混乱的符号和不确定意义，危机传播中传受双方的互动过程也更加复杂，是一个信息传播主体与客体失序互动的过程。

突发事件的频繁和不可抗性、由突发事件引发的危机对社会造成的巨大影响，危机传播本身的特殊性加上当下的新媒体环境给传播提供了更为开放、去中心化的平等交流空间，这一系列因素给危机传播和危机公关带来了巨大的挑战，所以危机传播是信息系统运转故障乃至失灵的过程。

新媒介与传统媒介在危机传播中开始出现融合趋势，并取得了一定的传播效果。然而面对层出不穷的突发事件，建立长效的危机公关应急机制，了解新媒体受众，分析媒体态势，做到有的放矢的舆论引导是危机公关取得成效的关键。

（二）危机传播的要素

核心要素：是谁（传者）？说什么（信息）？通过什么渠道（媒介）？对谁（受者）？产生了什么影响（效果）？据此延伸出危机传播研究的五项课题，即主体研究、内容研究、渠道研究、受众研究和效果研究。

次级要素：危机信息的缘起何在（现实、事件、导火索）？以何种形式传播（危机传播者的编码或使用的符号）？怎样传播（他们采取的策略和使用的技巧）？谁还参与了传播（参与者、决策者、咨询者、把关人、中介人等）？受者认知传播形式吗（传播对象的译码或解读）？怎样反馈（他们做出回应的方式和行为）？据此延伸出的危机传播研究课题有消息来源分析、符号分析、策略分析、公众参与分析、接受分析和反馈分析等。

边缘要素：危机传播参与者的潜在目的和追求是什么（利益与价值）？危机传播活动发生的场域如何（情势与环境）？是否存在传播制约机制（压力与规范）？危机信息的传受双方是否存在相同的场景和经验（角色和认同）？据此延伸出的危机传播课题有说服目的研究、说服情境研究、说服规范研究和说服流程研究等。

（三）危机传播的注意事项

信誉是表达者以其权威、可靠和诚实累积的形象财富。危机之下更是如此。合格的发言人应该首先是一个品德坚贞、心怀善意的人，其次才谈得上聪明智慧、反应机敏。同时，信誉是双向的——以信自立，为人所信，是自信和他信的统一。我们所能获得的全部哲学知识和生活经验都表明，信誉缺失的言说和行动即使机关算尽也是徒劳，甚至反受其害。

情感也是修辞有效与否的前提条件之一，包括情绪、意志和各种关联的人格要素。亚里士多德将人的情绪划分为七组二元对立关系：恼怒—温和、友善—敌意、恐惧—无畏、羞愧—无耻、感激—忘恩、嫉妒—倾慕、怜悯—憎恨。危机导致人的情绪偏向上述二元对立关系的负向一极，欲望强烈、祈盼无门，平日的修养和体面也可能一扫而光。因此，危机修辞就是召唤人的正向情绪，激发克服危机、协力进取的意志,恢复常态生活中的修养和尊严。

在危机情境下,修辞中的道德元素不只是言说者的资质问题,还包括贯穿整个对话、协商过程的基本准则和核心内容:有道德地表达与表达道德。有道德地表达意味着诚实不欺、平等对话,即强调言说的道德性;表达道德意味着道德本身即危机对话的重要内容,强调危机管理者要激发利益各方的宽容、尊重、慈悲、团结等道德情愫。

在危机中,引发危机的当事主体往往被视为"道德上的矮子",媒体和公众则身居道德高位发起舆论审判。对当事主体而言,通过自我救赎做好道德"加法",进而借由道德的感召力增强说服力,乃是平安渡过危机的必由之路。对于危机中的公众尤其是弱势群体而言,道德言说既是与强者斗争的武器,也是自救、互助所依凭的力量。

在失落、伤痛、绝望的危机情境下,良好的修辞应当表达共同的理想,构建共同的意义。《时代》周刊在评论"9·11"事件中纽约市长朱利安尼的表现时说:"每次朱利安尼讲话,几百万人就感觉好受一点,因为他的话里充满了悲痛和坚毅,鼓舞着纽约人民,进而激励整个美国","他让人们确信,双子星大厦倒了,但纽约还在,美利坚还在"。

事实上,任何修辞过程都是对证据(evidence)、事实(fact)、论点(arguments)和推理(reason)的逻辑化。危机修辞在逻辑上必须是合理的,不为荒谬辩护,不为漏洞遮掩。这不仅是一个如何在具体事务上以理服人的问题,而且还关乎怎样在混乱的危机状态下凝聚公共理性。越来越多的危机事件表明,一旦公共理性缺失,舆论就会沦为非理性的狂欢和"多数人的暴政"。非理性的众生喧哗可能导致失范、虚耗无功的社会对话,导致"无责旁观""绑架司法"或者"反对一切"的畸形社会性格,从而造成危机中双输的局面:政府失去信任,企业断送基业,公众则被夺去尊严和权益。

因此,危机修辞实质上就是危机情境下以人为本、合乎理性的公共表达。不同于日常的秩序化、制度化语境,组织在危机时刻要"对人讲话""讲人话",要以事实为基础,依循逻辑和理性,同时重视情感、道德、理想和信念力量的感召。

第三节　营销传播理论

一、营销实践与理论的发展

从历史的角度看,营销的发展历程与公共关系有许多吻合之处。19 世纪末到 20 世纪初,工业革命的爆发,资本主义经济迅速发展,需求膨胀,这是营销发展的初始阶段。供不应求的卖方市场使得这个阶段的市场营销着重于开发推销术和广告术,当时,现代市场营销的理论、概念、原则还没有出现。

1929 至 1933 年,资本主义世界爆发了空前的经济危机,市场出现了大萧条、大萎缩,社会购买力急剧下降。直至第二次世界大战结束,营销传播才进入广泛的应用时期。营销开始逐步深入地研究如何设置企业的组织机构以更好地产出利润,这也被广大企业界所重视。

营销传播的繁荣发展时期在 20 世纪 50 年代至 80 年代初。第二次世界大战结束以后,各国经济由战时经济转入民用经济。战后经济的恢复及科学技术革命的发展促进了西方国家经济迅速发展。当时营销的主要特点是强调供给和需求之间的整体协调,并且营销由指导流通的销售过程发展为参与企业经营决策的一门管理科学,对企业发展作出了重要贡献。

20 世纪 90 年代初为营销传播的创新发展阶段。在此之前的营销传播领域,大众媒介、大流通渠道和大规模推广是商业管理的重要主题和主要任务。并且,绝大多数的营销人士仍然更多地关注于产品,推销产品的电视广告是商业传播的主导形式。但随着国际竞争的日益加剧,市场环境复杂多变,对逐渐细化的营销需求而言,传统的营销理论及方法已显露出局限和不足。于是,营销领域在理论与实践方面都出现了一系列创新举措。

二、经典 4P 理论

20 世纪 60 年代初,杰罗姆·麦卡锡在他的第一版《基础营销学》中,第一次提出了营销传播的经典模型——4P 理论。麦卡锡是著名的营销学大师,编写了多本市场营销类书籍,并担任多家知名企业的市场营销顾问。4P 理论的提出是现代市场营销理论具有划时代意义的变革,从此,营销管理成了公司管理的一个部分,涉及远远比销售更广的领域。

4P 是指产品(Product)、价格(Price)、渠道(Place)、推广(Promotion):

从营销的角度来看,产品是指能够提供给市场被人们使用和消费并满足人们某种需要的任何东西,包括有形产品、服务、人员、组织、观念或它们的组合。

价格是指顾客购买产品时的价格,包括折扣、支付期限等。价格或价格决策,关系到企业的利润、成本补偿,以及是否有利于产品销售、促销等问题。影响定价的主要因素有三个:需求、成本、竞争。最高价格取决于市场需求,最低价格取决于该产品的成本费用,在最高价格和最低价格的幅度内,企业能把这种产品价格定多高则取决于竞争者同种产品的价格。

渠道,或者销售渠道,是指在商品从生产企业流转到消费者手上的全过程,是所经历的各个环节和推动力量之和,最为熟知的渠道就是分销商。

推广,不仅是促销,还包括广告、公关等一系列行为。

后来,4P 理论得到了菲利普·科特勒及其他营销学者的推崇,从而快速成为几乎所有营销教育和实践方面的理论基础。科特勒是美国西北大学凯洛格管理学院终身教授、经济学教授,美国市场营销协会理事,也曾担任许多大型企业的营销战略顾问,被誉为"现代营销学之父"。著作众多,其中《营销管理》一书更是被奉为营销学的必读书目。

4P 以企业的角度关注产品销售。以"推"为行动方向,以实现企业营收为目的。在 4P 模型中并没有提及顾客或目标群体,也没有提及经营顾客关系。这一缺失鲜明地体现出了该模型是眼睛向内、"各自为营"的导向。① 根据 4P 模型,营销被分为四个完全独立的职能。这些人为的区隔主要集于不同的信息,传递产品、销售、广告的侧重各有不同,但是,没有从根本上考虑如何改进或者加强整体的营销和传播策略。

三、整合营销传播理论

(一)发展雏形

20 世纪 90 年代是营销发展的创新时期,面对当时市场环境的变化,美国西北大学教授唐·舒尔茨认为,传统的 4P 理论以产品为导向,但是消费者在市场中的地位日益提升,企业应在营销观念上突出消费者。

今天被全球企业广为应用的"整合营销"概念最初是以"整合营销传播"(Integrated Marketing Communication,简称 IMC)形式出现的,由舒尔茨教授于 1991 年提出。整合营销传播强调"统筹管理所有提供给客户的有关产品或服务的信息来源,促使顾客购买企业的产品或服务,并保持顾客对企业的忠诚度"。

根据舒尔茨教授的记录,20 世纪 90 年代广告公司的收入主要来自媒介购买费用的提成,所以他们要确保客户持续地在媒介广告上进行投入。而当客户转向新促销技术或新兴传播手段时,广告公司的业务就会受到威胁。为了保护自己的收入来源,广告公司坚持由自己为客户提供促销和其他新兴推广服务,不管是采取哪种措施,都要确保客户的投入最终仍然流入广告公司。

广告公司一开始所采取的行动就是为客户提供"一站式服务",要么在内部培养促销、直销和公关活动等方面的新型人才,要么干脆收购已拥有这些能力的公司。扬雅公司提出了"一整只鸡蛋"的方法,奥美公司提出了"交响乐"模式②,这都是试图给新的貌似整合的代理模式贴上有创意和竞争力的标签。但是,由于其背后的动机是广告公司为了确保其盈利,而不是为客户提供协调一致、有所改进的传播计划,这种努力似乎注定要失败。客户最早意识到了这种做法的缺陷所在,他们实在找不到充分的理由非要把自己的营销传播活动整合到某一个广告公司那里。尽管"统一形象、统一声音"这样的想法确实引发了公司管理层和外部整合式的广告代理商的共鸣,这也为企业推广、执行整合营销传播打下了基础。

---

① 唐·舒尔茨、海蒂·舒尔茨:《整合营销传播:创造企业价值的五大关键步骤》,清华大学出版社 2013 年版,第 19 页。

② 唐·舒尔茨、海蒂·舒尔茨:《整合营销传播:创造企业价值的五大关键步骤》,清华大学出版社 2013 年版,第 8 页。

（二）创新之处

舒尔茨教授将整合营销传播定义为一个组织的发展战略。相比其他营销传播理论，整合营销传播最突出的创新之处在于：一是注重消费者，培养消费者价值观；二是关注于完整的商业过程，以形成一个闭合的回路系统。

为了能更有效地组织制定并执行营销传播战略和计划，唐·舒尔茨教授等学者提出用于进行"整合"运作的四阶段说。

第一阶段：战术协调。组织关注其所开展的各种营销传播活动，并协调各活动，使其传播内容具有一致性，传播的执行能相互配合；一个成功的、完整的整合营销传播活动需要做到战术的连续性和战略的导向性。

战术的连续性是指在所有营销传播中的创意要素要有一贯性。譬如在一个营销传播战术中可以使用相同的口号、标签说明以及在所有广告和其他形式的营销传播中表现相同行业特性等。心理的连续性是指对该机构和品牌的一贯态度，它是消费者对公司的"声音"与"性格"的知觉，这可通过贯穿所有广告和其他形式的营销传播的一贯主题、形象或语调等来达成。无论利用哪几种媒介，传播信息要保持一致，以整合各种媒介为手段进行传播。凡是能够将品牌、产品和任何与市场相关的信息传递给消费者或潜在消费者的过程与经验，均被视为可以利用的传播媒介。

战略的导向性是设计来完成战略性的公司目标。许多营销传播专家虽然制作出超凡的创意广告作品，能够深深地感动受众甚至获得广告或传播大奖，但是未必有助于本机构的战略目标，例如销售量市场份额及利润目标等。[①] 能够促使一个营销传播战术整合的就是其战略焦点，信息必须设计来达成特殊的战略目标，而媒体则必须通过有利于战略目标考虑来对其进行选择。

20 世纪 80 年代，英特尔公司采用数字来标识其旗下产品，286 代表的是公司所拥有的特定的技术水平，386 则相对更高一些，而 486 显然比前两者都要高。随着芯片产业面临越来越激烈的竞争，其他生产厂商也纷纷采用英特尔的数字式标注来表明其产品的技术含量。竞争对手开始将自己生产的芯片取名为"386 式"。为了保护自己的数字免受竞争对手的侵犯，英特尔公司采取了很多措施，包括试图将这些数字注册为商标和品牌。但是，美国联邦法院拒绝了他们的申请，因此英特尔公司所设计的这些数字逐渐变成了代表芯片技术发展水准的约定俗成的标准名称。但是，为了区分自己的产品，并且保护自己在研发中的投入和知识产权，英特尔公司急需找到一种方法。

英特尔设计了 Intel Inside 这一标识来告知不同品牌电脑中所安装的芯片是由英特尔公司生产的。当该公司开发出更多更先进的技术，诸如奔腾和赛扬之后，这些产品同样带有这一标识。英特尔公司获得了前所未有的成功。在 Intel Inside 刚

---

① "整合营销传播理论"，http://www.shichangbu.com/article - 115 - 1.html，2010。

刚推向市场之后的 1991 年,该公司的市值就已经超过了 100 亿美元。到了 2001 年,英特尔公司的市值增长到了 2600 亿美元。

尽管英特尔一开始只是期望用 Intel Inside 来将自己的产品与竞争对手的品牌区分开来,但芯片不过是电脑的一个部件而已,英特尔需要在创造市场价值的同时也能为顾客创造更多的价值。因此,Intel Inside 成功地给这一部件赋予了一个标志,该标志代表着特定生产商、特定渠道和特定消费者。

英特尔针对终端用户进行的营销传播尤为重要。全力说服消费者通过寻找 Intel Inside 标识可以确保自己获得了最先进的芯片技术。对于电脑技术了解不深的消费者,很难完全靠价格来衡量芯片的创新技术,但如果看到是选择了英特尔的芯片,顾虑就会被打消。

通过有效整合,英特尔公司成功地将自己的产品推荐给了电脑生产商,并且通过电脑生产商进入了分销渠道,并最终到达终端用户手里。整合的真正价值在于英特尔公司突破了传统上存在于市场和销售之间的多种界限。英特尔鼓励每一个电脑生产商在其生产的电脑外壳上印上 Intel Inside 的标志,表明其电脑使用的是英特尔公司生产的芯片,将英特尔的芯片作为其产品不可分割的一个组成部分。

在整合的层面,英特尔公司策划了一个十分简洁的概念,即 Intel Inside 品牌,以及独特的形象,从而让消费者可以一眼识别,让选择变得简单了。

最为关键的要素是英特尔将其营销传播活动进行了充分的整合。在所有营销活动中,Intel Inside 的标识都会出现,无处不在,每一次广告、公关和内部传播资料都展现相同的形象,包括消费者、生产商、分销商、员工等都经常能看到这个形象。在所有的战术层面,Intel Inside 都得到了全面、充分的整合,做到了统一形象、统一概念。

第二阶段:重新界定营销传播范围。在这一阶段,公司基于对顾客关系和潜在顾客关系建立的考量,采取更广泛的沟通活动,除了传统功能性的沟通活动,比如广告、促销和公关等,还会涉及各利益相关人的沟通活动,比如针对雇员的。

整合营销传播建议企业把顾客放在更重要的位置上,更多地聚焦于现有顾客和潜在顾客,而不是一味地盯着产品。只有当顾客真正成为企业核心,才有可能将日常管理、产品开发、产品分销、营销等同传播整合起来,形成一个有意义的整体。只有真正地了解现有顾客和潜在顾客,把他们聚合起来,企业才能真正地做到聚焦于顾客。[①]以顾客为中心要求企业将注意力转移到获取、发展和维持顾客上,并且要把眼光放得长远一些。企业的目标是与顾客之间发展长期关系,而不是如何找到更简便的管理方式。

第三阶段:信息技术的应用。在这一阶段,公司不仅利用信息技术来整合过去使用过的各种营销传播形式,而且使用数据库等信息技术来识别顾客的独特需求,

---

① 唐·舒尔茨、海蒂·舒尔茨:《整合营销传播:创造企业价值的五大关键步骤》,清华大学出版社 2013 年版,第 338 页。

进行定制化的传播。

第四阶段：关于财务和战略的整合。传统的广告和营销很难精确地测量其在财务上的收益。信息技术的发展，使整合营销传播战略与财务结合，测定其投资回报成为可能。在该阶段，公司在制订传播计划前，首先要从财务角度对顾客或潜在顾客的价值及潜在价值进行评估，从而制订出可评估"投资回报率"的营销传播计划。

前文提到形象传播的挑战，其中之一是无法预估和统计形象传播的回报价值。整合营销传播针对这个问题，将商业评估纳入传播活动中，强调消费者及顾客对组织的当前及潜在的价值，提供了一种可以评价所有广告投入回报的机制，真正做到了掌握品牌传播情况。

（三）整合实质

整合营销传播的核心思想是充分调动、整合该社会组织内外部的所有资源，统一传播目标，将传播目标与组织发展目标有机融合，并始终贯穿组织的生产行为与市场行为。只有资源有效汇总，才能保证企业支配各类资源以达到战略目标。

整合营销传播将与企业进行市场营销有关的一切传播活动一元化，把广告、宣传、公关等所有传播活动都纳入营销范围之内，再将统一的传播资讯传达给消费者。这个先统一再分散的传播过程就是整合企业相关资源并放大传播效力的过程。整合的执行可以分为两个方向：一是水平整合，二是垂直整合。

水平整合包括三个方面：

（1）信息内容的整合。企业的所有与消费者有接触的活动，无论其方式是媒体传播还是其他的营销活动，都是在向消费者传播一定的信息。企业必须对所有这些信息内容进行整合，根据企业所想要的传播目标，对消费者传播一致的信息。

（2）传播工具的整合。为达到信息传播效果的最大化，节省企业的传播成本，企业有必要对各种传播工具进行整合。所以企业要根据不同类型顾客接收信息的途径，衡量各个传播工具的传播成本和传播效果，找出最有效的传播组合。

（3）传播要素资源的整合。企业的一举一动、一言一行都是在向消费者传播信息，所以传播不仅仅是营销部门的任务，也是整个企业所要担负的责任。企业需要强化整体传播的意识，并对所有与传播有关联的资源（人力、物力、财力）进行整合，这种整合也可以说是对接触管理的整合。

垂直整合包括四个方面：

（1）市场定位整合。任何产品都有自己的市场定位，是基于市场细分和企业特征制定的。企业的任何传播活动都不能有损企业的市场定位或有悖于产品的市场定位。

（2）传播目标的整合。明确市场定位后，就应该确定传播目标，想要达到什么样的效果？多高的知名度？传播什么样的信息？这些都需要进行整合，目标统一才能集中发力，更好地开展后续的执行工作。

（3）4P整合。其主要任务是根据产品的市场定位设计统一的产品形象。各要素（产品、价格、渠道、促销）之间要协调一致，避免互相冲突、矛盾。

（4）品牌形象整合。主要是品牌识别的整合和传播媒体的整合。名称、标志、基本色是品牌识别的三大要素，它们是形成品牌形象与资产的中心要素。品牌识别的整合就是对品牌名称、标志和基本色的整合，以建立统一的品牌形象。传播媒体的整合主要是对传播信息内容的整合和对传播途径的整合，以最小的成本获得最好的效果。

（四）核心优势

对于营利性组织，无论是制造产品还是提供服务，都是一种产出；虽然非营利性组织、公益组织的产出不一定是以物质的形式存在，但这些组织一定也希望能给社会公众创造某些"成果"。由于社会组织是追求"产出"的，因此，很容易将全部关注都放在生产制造或产品流动上，而忽略了目标群体。社会组织应聚焦于真正的结果而不是简单的产出，真正的结果是多维度的，是"产品"投入市场后的真实反馈。所以在传播发生之前，社会组织需要了解目标群体。

整合营销传播建议组织把目标群体放在更重要的位置上，更多地聚焦于现有顾客和潜在顾客，而不是一味地盯着自己的产品。舒尔茨教授认为，营销不应该是一个独立的职能部门，建立跨部门的团队来达成具体的目标和结果，更加强调受众满意度而不是市场份额或者产品销量。跨部门团队能为组织更好地服务目标群体提供必要的能力、资源和流程。营销传播与其他部门通力合作，共同完成任务，包括争取新顾客、管理现有顾客或者帮助顾客在产品组合内迁移。

大多数企业都是严格地划分为一个个业务功能或单位，所有这些部门均是分散的、独立的、自上而下地进行管理的。人们很少会谈到跨职能、跨部门的团队。要执行真正整合的传播仍然是一个极其艰难的挑战，其中一个主要的原因是20世纪90年代早期所拥有的技术造成的障碍。如今，通信技术超乎想象的进步为整合提供了一个全新的平台，当下的营销传播也以协调一致、协同一体的传播为方向，开展系列活动。舒尔茨整合营销传播理论学派则强调公关要解决行销推广问题，透过信息的传递增加品牌的知名度，增进、维持与顾客的互信关系反映现实市场的竞争形态，提供一个解决问题的新契机。

第三章　西方主要社会组织的传播理念与实践

本章将重点考察企业、政府以及非营利性组织的传播理念与传播实践,通过对比分析与案例解读,探讨不同类别社会组织在规划、组织与实施传播活动中的异同。在分析西方不同类别社会组织的传播活动中,注重从运行机制、组织架构、市场环境、传播受众等多重因素进行考察,尽量全面准确地呈现出西方主要社会组织的传播规律与特质。

第一节　西方企业的传播理念与实践

随着营销实践与理论的持续更新、商业模式的不断转变,传播已经成为现代企业生存与发展的必要手段。特别是媒体技术的变革使得市场供需双方之间信息愈加透明、交流更加高效,可以说,企业的传播能力直接影响到其生存与发展。

一、企业传播与企业发展的关系

传播在一家企业的发展中扮演着"助攻者"的角色,它可以帮助公司获得更多的社会资源,顺利达成经营目标。为此,传播应当始终遵循企业的发展战略,服务于企业的战略决策。一家企业在规划设计传播功能时应当与经营战略紧密结合,需要更加关注宏观层面的战略决定,而非战略执行中的战术手段。为此,企业需要将传播目标与经营目标进行深度整合,比方说,在如今的互联网时代,企业不再只以利润作为唯一考核标准,目标受众的关注度、参与度、流量转化等同样可以体现企业在市场中的竞争力。

传播对于企业的价值不言而喻,但要真正做到将传播纳入企业战略规划并严格执行,尚需传播环境的成熟以及企业对传播价值、品牌宣传等的重视程度。从历史的角度来看,传播被企业"轻视"的案例不胜枚举,不少企业组织的管理层认为,传播是可有可无的东西,它对于企业的成功并不能起到决定性的作用。在时机正确或是能够清楚识别利害关系的时候是可以进行传播的,然而,若情况位于两者之间,传播则经常被认为是华而不实的。当前,传播语境已经进入全球化、互联化与移动化,信息与传播本身已经成为企业生存与发展的必要条件，各大企业在传播领域也积极致力于发展传播活动的衡量方法，通过一系列关键绩效指标，跟踪传播活动的效果，进一步分析，在执行层面不断调整改良，在决策层面及时判断发展趋势，传播活动日益科学化与精准化。

从企业发展战略的角度看，市场上的大多数竞争可以分成两类：追求低价的战略和追求差异化的战略。这两种战略皆可帮助企业实现盈利，但是它们的组织结构和传播系统却各不相同。推行低价竞争战略的公司之所以做出这种选择通常是因为其所在的行业竞争极为激烈，需要用比对手更低的价格来吸引顾客。因此，低价战略要求高效的流水线作业，尽可能缩小活动开支。例如在计算机行业，戴尔就成功奠定了公司的低价优势，在推行低价战略的过程中，企业传播的作用表现在传播信息单一，避免广告宣传开支过大，拉低竞争力。相比之下，寻求差异化竞争战略的公司会选择更为集中的企业传播方案，为公司建立一个有别于竞争对手的独特且一致的传播系统，并且传播对公司的战略发展更为重要。追求独特性要求公司内部的价值观、行动力更为一致，能够共同推进公司愿景的实现。因为需要加强定制传播方案及活动，差异化公司在其对不同受众的传播上花销更大。

二、企业传播的功能设置

对于企业而言，企业本身既是传播主体，主动向外界传递信息、进行交流沟通，同时也是传播客体，比如，当发布一款产品时，一家企业会面对来自世界各个角落的博主或网站开发人员，针对其提出的"挑战"，产品的缺陷会被迅速曝光并传播开来。因此，企业的传播工作非常活跃与多面。那么，企业应该如何构建其传播功能？

为保证传播的有效性，企业必须认识到其传播工作对整个组织的作用和影响，企业传播必须在本质上注重整体性。传播功能应当是全面的，能将企业内部传播和外部传播组织起来，以便构建、维护和发展公司的传播力。

（一）员工关系

一个高效运作的企业会通过系统地安排内部传播结构、内容、氛围，有序管理各业务部门内和部门间的内部传播，以促进企业战略目标的执行。企业这类对内的传播是对员工关系（Employee Relations）的维护，可以为企业在以下三个方面带来收益：

1. 提高效率

内部传播的首要用途在于建立企业和员工之间的联系，并常态化维护，从而可以更有效地互通信息，提高生产力。

在实践中，企业和员工就业务方面的沟通交流可以通过企业的内部培训来实现。例如，宝洁公司非常重视对员工的培训、培养，甚至开设了自己的"营销大学"。大学会邀请来自公司内外的老师给宝洁 3 000 多名营销人员讲授最佳营销实践和营销革新。此外，宝洁每年举办一次品牌建设座谈会，让员工齐聚一堂，表彰杰出员工并树立榜样，鼓励其他员工加以学习。除了学习氛围浓厚的"营销大学"和座谈会，宝洁会加入良性竞争的元素，定期举办内部贸易战，让品牌经理用故事板展示最新的业绩以及新想法。[①] 这样的方式不仅激励员工，也加强了企业与员工之间的纽带。

2. 共享理念

内部传播同样可用于在员工之间就企业目标达成共识，不仅使员工能更清晰明确地理解公司发展目标，也能让企业及时掌握员工的工作状态，从而适时调整战略。积极的内部传播氛围可以增进员工对组织的认同，增强员工的信心，并深刻感觉到自己参与了公司发展的决策过程，从而产生了归属感。此外，良好的员工关系还可以提升组织认同，使员工在为公司工作时感觉更加自豪。内部传播在提升员工对公司的认同时起到了关键性作用。如果一个组织能够给其成员以安全感，并让成员感到所做的付出可以得到认可，这样的组织往往更容易获得人们的认同。

3. 增加忠诚度

企业社会责任的第一层是员工关怀，而企业的内部传播可以提高员工对公司的满意度。而员工满意度能逐渐转化成员工对企业的忠诚度。在员工为企业创造价值的同时，自身价值也会实现，形成员工发展和企业发展共同提升的良性循环。

（二）客户关系

客户关系是指企业为达到其经营目标，主动与客户建立起的某种联系。这种联系可能是单纯的交易关系，也可能是通讯联系，也可能是为客户提供一种特殊的接触机会，还可能是为双方利益而形成某种买卖合同或联盟关系。

良好的客户关系，可以增加客户对企业的信任度，不仅仅可以节约交易成本，也可以为企业深入理解客户的需求和交流双方信息提供许多机会。由于企业与客户有更多的双向沟通，这就使企业可以掌握第一手资料，第一时间发现客户需求或潜在需求的变化，从而使企业可以及时推出广大客户喜爱的新产品，缩短新产品的开发周期。如今，人们逐渐认识到，虽然"客户"及"客户关系"不具备实物形态，但也是企业的重要资产，也能为企业带来实实在在的利润。

（三）投资者关系

在传播领域，投资者关系（Investor Relations）可能是一个相对陌生的概念。但对企业而言，特别是上市企业，面向投资者的传播工作对企业发展有着至关重要的推进作用。投资者关系通常是上市交易公司的一个部门，负责与现有以及潜在的金融利益相关方对接，这包括个人投资者、机构投资者和金融分析师。

尽管投资群体在社会组织特别是企业中具有极其重要的地位，但有关维护投资

---

① 迪克·马丁：《营销大师》，企业管理出版社 2014 年版，第 45 页。

者关系、建立金融形象的研究却十分有限。在某种程度上，这是因为金融管理严重依赖于以"市场效率"为基础的模型。"市场效率"讨论的是，在一个有效市场中，所有关于某上市公司的信息都应该是免费的，并且散播广泛、易于理解。因此，根据有效市场假说，没有必要专门进行金融传播，因为所有投资者都能获取一切可得的信息。但实际情况并非如此，市场效率低下的案例比比皆是。投资者并不能平等地获得企业信息，在大型投资者和中小投资者之间，可以获取到的信息种类、数量以及质量存在很大差距。企业和投资者之间也存在信息的不对称，往往公司会拒绝分享将影响未来业绩的信息，投资者也存在同样的情况。

认识到上述事实，1952 年，通用电气成为全球首个启动专门的投资者关系部门的公司。该部门不仅可以管理公司与其金融利益相关方之间的常规互动，还可以从战略角度针对这些利益相关方展开工作，令投资方信服企业未来的发展前景，从而增加企业可以获得的金融资本。从此，在美国，有关金融传播的知识体系逐渐完善，相关文献逐渐增多，研究内容不仅涉及投资者关系，还包括向金融受众传达公司信息时该如何发挥更积极的作用。①

与金融受众的良好关系可以提高公司声誉，进而推动财务及整体业绩。投资者关系活动在不同社会组织、不同国家的发展历程各不相同。美国和英国活跃的证券交易市场拥有较长的金融传播传统，不过，自 20 世纪 80 年代以来，世界各地的市场交易活跃、上市公司激增，推动了这一领域的发展。近年来，互联网大幅提升了金融传播的影响范围，增加了信息透明度和反应力，加大了投资者关系对企业市场估值的影响，从而使得运用信息技术的能力成为衡量企业金融传播先进程度的一个指标。维护投资者关系需要一定的金融知识积累，对于从事传播工作的员工来说可能是一个不小的挑战，却是企业发展不可或缺的部分。

（四）公共关系

公众是一家企业面对的利益最分散、最多样化的群体。公众的组成没有固定形态，无论是顾客、投资者、员工还是监管者，都是公众的一部分，并且每一个群体都有助于企业经营目标的实现。公众的利益涉及范围很广，涵盖的内容多种多样。企业的公共关系，简称公关，随着企业在经济发展和社会生活中的地位和作用不断加强，与公众交流接触的机会持续增多，而备受关注。公共关系是以多种方式面向公众进行的传播，涵盖向公众传达企业信息的众多专业领域，包括媒体关系，问题、危机管理，等等。

1982 年，美国发生了"泰诺胶囊"事件，由于强生公司在事发后采取了一系列有条不紊的危机公关，从而赢得了公众和舆论的支持与理解。在一年的时间内，"泰诺"止痛药又重振山河，占据市场的领先地位，再次赢得了公众的信任，树立强生公

---

① 塞斯·B.M.范瑞儿、查尔斯·J.福伯恩：《企业传播原理》，中国社会科学出版社 2015 年版，第 151 页。

司为社会和公众负责的企业形象。从此，危机公关也逐渐由关注政治层面转向关注企业危机，研究的视角逐渐多样化，传播学、公关学、管理学等都涉及其中，研究方法也由个案分析转向公关技巧总结。1989 年，美国"埃克森·瓦尔迪兹"号邮轮触礁漏油事故，导致海洋生态遭到严重破坏，埃克森公司轻视了事态的严重性，拒绝公开露面给予道歉，其无动于衷的态度遭到美国各界人士的批判。此后，企业危机传播的研究受到广泛关注，公共关系的研究迅速发展起来。

三、企业传播的目标

对整个企业而言，制定传播目标十分重要，其发展理念蕴含其中。只有当目标明确后，传播方案在执行时才能做到有的放矢；也只有当目标明确后，才能实际衡量传播功能是否能为企业创造真正的价值。企业可以依据影响目标群体的"知识""态度""行为"来确定其传播目标。成功的传播通过创造与传递信息让受众关注了解到传播内容，这就是"知识"的掌握；而传播内容引发受众做出相应的反馈，包括主动思考、情感回应、价值观转变，等等，则是"态度"；"态度"变化的积累最终使人们改变自己的某些"行为"。以上这三个概念可以代表一个完整的传播过程中的不同阶段，也可以作为完全独立的传播目标而存在。这三者的发展呈递进关系，但不能依此而简单衡量它们之间的重要性。

传播是否有效需要由客观的传播效果来评价，而不是由传播内容的多寡及呈现方式判定。传播效果最直接的体现就是受众的反馈。评价、舆论是一种短期反馈，直接、迅速；知识、态度、行为的变化是长期的反馈，也是决定传播是否真正成功的关键。不同的企业传播方案应有针对性地选择制定传播目标，当然，目标不同的，传播方案应该是截然不同的。

（一）知识

知识营销是指企业在营销过程中，通过对品牌和产品注入知识含量，帮助消费者增加产品知识，从而达到销售商品、开拓市场、提升品牌力的目的。在知识经济时代，企业的营销环境发生了巨大变化。随着科学技术的飞速发展、产品科技含量的不断提高，消费者对知识的渴求也越来越高。这就要求企业不仅要深谙营销技巧，同时也要掌握产品的知识含量，并能够把这些知识推广给消费者。[1]因此，企业要对消费者和社会宣传、推广、普及产品和相应知识，实现产品知识信息的共享，从而赢得消费者的信赖和忠诚。

比利时航空公司（Sabena Belgian World Airlines）拥有比利时航线上的最大市场份额，但是从总量上来说，根本微不足道。原因在于，近 20 年里人们去的最多的欧洲五大目的国是英国、德国、法国、荷兰和意大利，而比利时是个小国，没有太多人

---

① 时骅：《宝洁营销攻略》，南方日报出版社 2005 年版，第 45 页。

去。很长一段时间，比利时航空公司采取的是航空公司的传统传播战略：宣传餐食和服务。但是，即便航空公司汇聚了全球的美食，也无法吸引旅客搭乘它的航班，去一个自己不想去的地方。显然，比利时航空公司需要传播的重点不能只停留于自己，而是比利时这个国家。比利时航空公司必须使比利时成为一个热门的旅游去处，游客多了，该航线的预订量自然也会增加。

人们头脑中对那些旅游业做得成功的国家都有突出印象。提到英国，人们会想到大本钟和伦敦塔；提到意大利，人们会想到古罗马竞技场和圣彼得大教堂；提到荷兰，人们会想到郁金香和风车；提到法国，人们会想到埃菲尔铁塔和卢浮宫。比利时是一个非常美丽的国家，但"美丽"这个概念虽好，却不足以作为旅游宣传的主题。要想把一个国家作为传播对象，打造旅游品牌，需要有能够让游客逗留游玩的景点。

被视为代表了行业最高评价标准的《米其林指南》(Michelin Guides)除了对餐厅进行星级的评定，同时也给城市评级。《米其林指南》比荷卢合版(Benelux，比荷卢，是比利时、荷兰、卢森堡三个国家的合称)在这三个国家中评出了六个"值得专程旅游"的三星城市，其中五个就在比利时，分别为布鲁日、根特、安特卫普、布鲁塞尔和图尔奈。而出人意料的是，比利时北面的旅游大国荷兰只有阿姆斯特丹被评上了三星城市。如此一来，比利时航空公司将这则重要的信息变成了广告："在美丽的比利时，有五个阿姆斯特丹"，在机场等户外场所大量投放，获得了前所未有的关注度和游客数量。①

比利时航空公司的传播目标就是要将这则关于比利时的新"知识点"传递给受众。其实，真正了解比利时的人不多，很多人甚至以为滑铁卢在巴黎郊区，其实拿破仑是在比利时遭遇了滑铁卢战役的失败。正因为对比利时的认识不足，当外界没有传递更多信息时，人们主观上很容易屏蔽这个旅游地的选项。如果能首先从一个根深蒂固的认知切入，那么塑造形象就会事半功倍。相比生硬地罗列景点，比利时航空公司把比利时和一个已经被游客熟知的形象——阿姆斯特丹联系在了一起，对比利时不熟悉的人也可以更容易地将介绍信息有效转化成一次旅行的选项。并且，在传播知识概念时，如果能引用一个客观的第三方，以提供可靠性支持，传播效果会好很多。《米其林指南》早已深入人心，比利时航空公司的"引经据典"为广告中的信息内容增加了可信度，这样的传播使比利时成为一个真正热门的旅游城市。

同样擅于利用"知识"进行传播的企业还有日化行业的巨头——宝洁公司。因为旗下拥有众多品牌，所以宝洁需要明确不同品牌的定位，帮助消费者区分产品的功能。向消费者介绍、普及产品概念就显得十分重要了。宝洁针对每个品牌打造一个概念，从而赋予其一定的知识内涵。特别是在洗发、护发类产品中，宝洁力争赋予每一个品牌以独特的个性。例如，海飞丝的个性在于去头屑，潘婷的个性在于对头发的营养保健，而飘柔的个性则是使头发光滑柔顺，沙宣的个性在于调节水分和营

---

① 艾·里斯、杰克·特劳特：《定位》，机械工业出版社2018年，第211页。

养。①宝洁在传播的过程中，将知识推销给消费者，加强不同品牌产品的辨识度，获得了显著的传播效果。

（二）态度

随着传播环境日益复杂，消费者的消费意识和观念发生了变化，以价格和渠道为导向的快消品正走向凋零。当下，在生产制作高质量产品的基础之上，如何能让使用寿命较短、消费速度较快的快消品为消费者创造额外的价值，是企业需要认真思考的。策划可以与产品附加值结合的个性化传播方案，传递产品信息的同时也能宣传企业的核心价值，让消费者的态度发生改变则是核心要义。

每年的 6 月份是世界同性恋的节日，在长达一个月的庆祝中，世界各地都会举办"同性恋骄傲大游行"，这已经成为同性恋群体表达自己诉求、要求平等地位和社会认同的主要活动平台。"旧金山同性恋骄傲大游行"（San Francisco Pride）一年一度在旧金山举行，每一届都会吸引数百万的观光人潮，是旧金山最热门的公共活动之一。其中，代表同性恋群体的彩虹色旗帜是历年游行中的亮点。

2014 年，当第 44 届"旧金山同性恋骄傲大游行"如火如荼地进行时，位于游行终点——旧金山市场街（Market Street）的一家汉堡王分店推出了用彩虹色包装纸包装的"骄傲华堡"（Proud Whopper）②。在产品推出之前汉堡王没有透露"骄傲华堡"的口味，而当消费者询问"骄傲华堡"与其他汉堡有什么不同时，服务员回答："我也不知道。"消费者会在进食过程中一直思考着"骄傲华堡"的不同之处：肉比较鲜嫩？面包更加松软？直到用餐完毕，消费者会发现华堡的包装纸内侧印有"我们都是一样"（We Are All the Same Inside）的字样。

汉堡王（Burger King）是美国最大的快餐连锁之一，遍布于美国的各个角落，无论是大城市里道路两旁或是不经意的街坊转角，都可以发现"汉堡王"餐厅的踪影。随着发展扩张，现在"汉堡王"已经是全球大型连锁快餐企业，在 60 多个国家和地区拥有超过 1 万家门店。不过，与同行业的竞争对手相比，汉堡王因为过于狭窄的市场目标群体而面临销售困境。2013 年，汉堡王曾因两季销量不佳而把当时的 CEO 撤下。

汉堡王长期的传播口号是"Have It Your Way"，在 2014 年 5 月时改为了"Be Your Way"，两者翻译成中文都近似于"你选你味"的意思，只是后者的态度更加坚定，像是鼓励消费者在汉堡王大胆遵从自己的选择喜好。1 个月后的"骄傲华堡"活动非常符合汉堡王的企业传播，也更加贴近最新的宣传口号：汉堡王可以制作出各种各样口味不同的汉堡，满足各类需求，就像汉堡王也同样欢迎所有社会群体，无论他们是何身份、有何背景。再进一步分析汉堡王的广告语，其中传递的信息也能反映出汉堡王与其他快消品企业与众不同的态度。一方面，消费者可以在汉堡王店里

---

① 时骅：《宝洁营销攻略》，南方日报出版社 2005 年版，第 45 页。
② 谷虹、王静：《智慧的品牌：数字营销传播金奖案例（2016）》，电子工业出版社 2017 年版，第 149 页。

吃到按照自己要求制作的汉堡，完全实现个人化、定制化；另一方面，暗示了竞争对手的服务速度之所以可以更快，是因为其提供的产品都是标准化生产的。汉堡王利用产品自身属性，增强快与消费者的联系，让消费者参与形象传播，实现了消费者与品牌的共乐共赢。

"骄傲华堡"的出现不仅得到了现场游行者的热烈支持，活动期间，相较于麦当劳同店销售额下滑 2.6%，汉堡王同店销售额却上涨了 4.6%。[①]"骄傲华堡"活动在实体店组织开展，再通过线上传播，将消费者与"骄傲华堡"的故事发布在 YouTube 等平台，借助社交媒体带动网友对这一事件的讨论和转发。活动开展一周后，相关影片的观看次数达到 700 万次，超过 45 万次博客提到，用作《今日美国》《纽约时报》等媒体的新闻内容，并产生了 2 000 万美元的广告费用，并且在 Facebook 和 Twitter 上名列热门话题第一。根据 IPSOS 的调查，每五个美国人中就有一个人知道"骄傲华堡"。"骄傲华堡"的彩虹包装纸成为了一个具有象征意义的纪念品，在 eBay 上拍出了 1 025 美元的价格。

本次传播活动影响的不仅是社会对同性恋群体的认同，也是对汉堡王这家快餐企业的态度。汉堡王作为企业在支持同性恋权益上踏出了颇具影响力的一步，支持少数群体的价值倾向为汉堡王赢得了消费者对汉堡王的好感，得到了受众的自发性传播行动，有效加强了消费者与品牌之间的情感联结。其实，"骄傲华堡"是活动限定产品，只借助大游行进行宣传，地点受到限制，推广时间也不长，但是因为该话题对公众的号召力大，影响范围非常广。

（三）行为

因为是自我指涉，企业的传播在受众眼中比较容易缺乏真实性和可信度，所以消费者在行动之前常习惯于收集信息、互相比对、加深了解。近年来，"体验"一词越来越频繁地出现在企业的传播方案中。"体验"不仅可以让潜在消费者真实感受到具体的产品和服务，还能有机会接触到产品与服务背后的企业，从而打消消费者的顾虑，正向引导企业期待的受众行为。体验能帮助企业传达故事，同时可以提高消费者对企业传播的"真实感"，并以此在传播受众和组织机构之间结成纽带。

总部位于美国西雅图的星巴克发展极为迅速，正是围绕销售其个性化的"咖啡体验"，星巴克成为了全球最大的咖啡连锁店。通过建立人们在家和工作场所之外的"第三空间"，星巴克成功吸引并留住了顾客。星巴克咖啡的价格要远高于其他品牌的咖啡，部分原因是其咖啡豆经过精心挑选，品质得以保证，同时也是因为星巴克特意营造的整体氛围，店内环境、定制化生产工艺、咖啡专用语言等。这样独特的体验不仅让星巴克的辨识度极高，也招揽了来自世界各地的顾客，愿意支付额外的费用来光顾星巴克。

---

① 谷虹、王静：《智慧的品牌：数字营销传播金奖案例（2016）》，电子工业出版社 2017 年版，第 150 页。

直到现在，星巴克做的广告都很少，但这并不影响其惊人的销量。星巴克的定位不仅仅是做好一杯咖啡，更是提供一种体验。星巴克的咖啡有特殊用语，"tall"代表"中杯"，"grande"代表"大杯"，"venti"代表"超大杯"。并且，每一种饮品都有令人眼花缭乱的选择，如大理石摩卡玛奇朵（Marble Mocha Macchiato）、三分之一低咖啡因咖啡（One-Third Decaf）、三份浓度无糖香草咖啡（Triple Shot with Sugar-free Vanilla）等，还有咖啡师当面为客户现场制作的手冲咖啡。[①] 企业创造"体验"的目标是培养潜在顾客的情感介入，并随之带来行为的变化。货物是有形的，服务是无形的，商品是可以被替代的，而体验却是令人难忘的。体验为企业传播注入了生机，真实的体验可以巩固企业和顾客之间的关系。当人们购买、使用一件产品时，体验就是对产品深层意义的表达和强化，不仅可以促使行为的产生，还能赋予行为特定的象征意义，保证行为的可持续开展。

第二节　西方政府的传播理念与实践

如果以目的为导向，政府传播内容可以概括为指令性内容、解释性内容和宣传性内容这三类。[②] 政府的传播策划一方面需要将普通的、枯燥的指令性内容、解释性内容转化为更容易被公众关注的讯息，另一方面则需要将宣传性的内容转化并融入解释性内容，使其更容易被公众接收。政府传播通常会是利用已经发生的新闻事件，筹划、组织媒体报道，以期达到某种宣传效果。政府的传播能力体现在，采用对公众具有吸引力的表达方式传播具有新闻价值的信息。感兴趣的人越多，关注度越高，新闻价值就越高。因为组织架构，政府的传播习惯自上而下，其实政府策划传播时同样需要关注公众的需求，选择恰当时机，注重创新突破。

一、西方政府在开展传播活动时的影响因素

（一）西方政治体制对西方政府传播的影响

政府开展传播活动的根本原因是什么？是因为国家离不开社会的支持，政府需要权力的合法性来维护它的统治，而这种合法性的源泉来自社会。在当今社会中，大众传媒是社会运转的信息沟通渠道，所以美国政府要利用媒体来进行宣传。

当今的西方社会，离开大众传媒是无法运转的。大众传媒通过传递信息和提供娱乐把整个社会联系在了一起。以美国为例，美国媒体的发展与美国社会的发展是紧密相连的。媒体的发育和成长离不开美国还有建国之前的北美殖民地资本主义经济和市民社会的成熟，而报纸、广播、电视和因特网的发展又促进了农业社会向工

---

① 迪克·马丁：《营销大师》，企业管理出版社 2014 年版，第 162 页。
② 曹劲松、费爱华：《政府形象传播》，江苏人民出版社 2012 年版，第 123 页。

业社会再向信息社会的转变,媒体甚至成了社会形态转变的标志之一。①当今的美国实行的是一种大规模的代议制民主,这种结构和制度的维系需要一个保证信息基本流通的渠道,这种渠道的重要形式就是美国的大众传媒。因此,西方社会的政治体制在很大程度上影响了其媒体形态以及政府的传播习惯。

已故的美国联邦最高法院波特·斯图亚特大法官在耶鲁大学法学院所发表的一篇演说中,提出了"第四权理论",指的是新闻媒体有相当于行政、立法、司法的一种组织权力,能够成为政府三权之外的第四权,以监督政府,防止政府滥权,发挥制度性的功能。这个"权"既指权力,又指权利,即新闻媒介能够充分行使监督政府的权力,又享有宪法所保护的新闻自由。"第四权"的思想在西方由来已久,早在杰弗逊时代,他就将自由报刊视为监督制约立法、行政、司法权力的第四种权力。斯图亚特大法官认为宪法保障新闻自由的主要目的,是要维护新闻媒体的自主性,以保障新闻媒体能成为政府三权外的第四权,使其能发挥监督政府的制度功能。台湾学者林子仪认为斯图亚特大法官之所以提出"第四权"的理论,是因为他认为新闻媒体在现代民主社会中,事实上所担负的监督政府的角色及功能是相当重要的,以至于新闻媒体成为一个民主国家的政府组织结构中不可或缺的一种宪政制度②。这也解释了宪法之所以要保障新闻自由的原因,是因为一种制度性组织的条款可以保障新闻媒体发挥监督政府的功能。

自20世纪70年代以来,在近20个西方国家进行的民意测验表明,公众对公共部门和政党的信任度持续降低。公众对政府的不信任不断蔓延,这已不再是个别西方国家政府所面临的难题。相当一部分,有的甚至是大部分公民,对党派、政府、议会、高层行政机构、法院、军队、警察、工会、大公司、教会、电视和其他大众传媒等主要机构和组织"完全不信任"或"不太信任"。

以英国为例,1974年英国有39%的人选择信任政府,并相信政府所宣传的政策,而到了2000年这一数字却降到16%。在美国,1966年有61%的美国人信任政府,而到了1998年这一比例却降至34%。为了应对公众的信任危机,部分西方国家推行新政府传播政策,以改进政府与公众之间的信息交流和沟通。1997年,英国政府发布《蒙特菲尔德报告》,在提升政府传播的专业化水平,整合各部门传播资源,研究发展政府传播的战略和政策等方面为政府传播政策的调整设定了战略目标。从1997年到2003年,英国政府每年都对政府传播工作和《蒙特菲尔德报告》的执行情况做出评估。加拿大政府也分别于1988年和2002年公布《政府传播政策》和《加拿大政府传播政策》指导政府传播工作。

从20世纪80年代末开始到20世纪末,是西方国家普遍转变政府传播政策的重要时期。这一时期同时也是西方新公共管理运动的鼎盛时期,新的政府传播政策在

---

① 戴珍建、廖玲华、李玉明:《中西方政府形象传播策略比较初探——以应用大众传播路径为例》,《学理论》,2010年,第15期,第27~28页。

② 沈国麟:《控制沟通》,复旦大学出版社2006年版,第22页。

政府信任危机和新公共管理运动的双重背景下得以产生。政府传播开始在传播模式、传播控制形态、传播内容和渠道等方面发生一系列的重要变化。[①]

（二）西方媒体生态对西方政府传播行为的影响

大众传媒的发展使得美国政府更加开放。美国新闻界对越南战争、五角大楼文件案和水门事件的揭露，使得美国政府在公众心目中的形象滑入低谷。为了应对危机的挑战，美国政府在整个社会舆论的压力下变得越来越开放。美国国会于1967年就实施了《信息自由法》，该法规定了美国联邦政府各机构公开、提供政府信息的义务和公众获取政府信息的权利。[②] 以及之后通过并施行的《阳光下的政府法案》使得绝大部分的政府文件都可以向公众开放。大众传媒代表公众监督政府的力度大大增加了。[③]再比如加拿大规定政府信息公开的一部重要法律《信息获取法》规定媒介和公民获取信息的自由。西方各国都以各种法律来保证信息公开的形式、公开的内容。

除了保证信息可以及时向公众传递，西方政府也十分注重大众传播反馈机制的建设，以实现双向甚至多向沟通。在定期召开新闻发布会的基础之上，西方政府擅于利用互联网发展的优势，20世纪90年代起即开始普及通过电子邮件、留言板提问等方式与公众交流探讨、咨询解答。此外，在收集到公众的反馈之后，西方政府也能做到对公众的查询问题进行深入分析，了解其关注的焦点，从而引起相关政府部门的重视，促进政府与公民的互动，利用政府部门所拥有的大量信息和高级专业人才，加强信息分析和预测，向社会各界提供信息咨询服务等。

但是，西方传媒业的私有化和传媒业竞争的加剧使政府所能够直接控制的传播资源越来越少，政府传播由原先的官方传媒为主渠道转变为官方和非官方传媒共同传播的格局。公众获取政府信息的途径不再单单是政府及其官方传播机构，还有了更多的非官方的渠道。公众数量多，成分复杂，不同年龄、文化程度、地区文化背景的公众了解信息的渠道、方式和角度会存在很大的差异。政府传播如果不能考虑目标公众多样化的需求而提供多样化的传播形式和渠道，则其传播的可信度会大打折扣。[④]

为此，在20世纪末，西方国家开始推进政府传播的多样化政策以增强政府亲和力，整合传播渠道和资源，提高公众对政府的信任度。在传播内容上，政府传播避免对政策过分地渲染或夸张，以免误导公众，使政府传播内容失真。同时政府的宣传在采取官方语言时，更多地增加解释说明，并使表述方法多元化。在传播渠道上，根

---

① 胡卫：《应对信任危机的政府传播——西方国家新政府传播政策研究》，《湖南农业大学学报》（社会科学版），2007年，第6期，第117～120页。
② 胡卫：《应对信任危机的政府传播——西方国家新政府传播政策研究》，《湖南农业大学学报》（社会科学版），2007年，第6期，第117～120页。
③ 沈国麟：《控制沟通》，复旦大学出版社2006年版，第22页。
④ 沈国麟：《控制沟通》，复旦大学出版社2006年版，第22页。

据不同目标公众的情况,制定不同的传播策略。改变通过文件、通知、新闻宣传政策的单一做法,采取政策宣传广告、展览等生动活泼的形式宣传政策,加强与非政府传媒的沟通与合作。此外,推进政府传播地方化也是当代西方国家政府传播的一个发展趋势。

从美国媒体的发展历史来看,除了建国初期那段政党报纸的黑暗时期外,美国媒体走的是以商业媒体为主导的路线。媒体作为一个商业企业,不受政府的控制,是市民社会的一个重要组成部分,而且即使是公共媒体,政府除了供给资金外,对其内容也不能施加太多的压力。美国媒体长期以来一直以"第四权力"的身份而自豪,一直以政府的监督者自居。

除此以外,欧美部分发达国家对于自媒体和政府形象关系的把握是十分准确的,它们善于利用自媒体和新媒体的优势来合理设计和完善政府形象。在自媒体的运营管理和渠道选择等方面,欧美国家拥有先进经验和方法。例如政府门户网站建设,西方国家起步就早于我国。新加坡、美国、英国等国家的政府门户网站建设起步早,发展到现在已经非常成熟,使政府网站真正成为政府信息公开、公民网上办事的平台。同时美国、英国等发达国家利用 Twitter 等平台来进行政府形象宣传,用新媒体服务于政府。

(三) 西方政府宣传组织架构对传播活动的影响

以美国为例,其政府宣传组织架构对传播活动有着较为显著的引导作用。美国政府很早就设立了宣传机构,例如总统的新闻秘书和战时的信息机构。政府的宣传机构如同行政长官的助手,帮助长官推行政策。其目标有三个:向选民通知政府机构的活动;促进公民支持已经确立的一些政策和项目或者政府想要推广的一些政策和项目;塑造政府官员的公众形象。

总统的新闻发言人制度是得到美国政府的正式认可的,新闻发言人也进入政府公务员系列。随着总统与媒体打交道的事务越来越复杂,新闻发言人似乎不仅仅是为总统"发言"了,他的职位变为了新闻秘书。美国白宫新闻秘书身兼数职,包括总统新闻秘书、白宫新闻发言人和白宫新闻办公室主任等。白宫新闻秘书和他的助手们负责把总统和白宫的信息传递给新闻界,并且向新闻界提供信息服务。最后,搜集新闻信息,呈送给总统和他的助手们。新闻发言人的具体工作包括每天与新闻办公室的助手们开会讨论当天媒体对白宫以及各项政治事务的报道,列席白宫内阁成员会议,与总统和白宫顾问们一起商量事务,每天下午还要在白宫西厅的新闻室里召开例行的新闻通气会,回答记者们的各种问题,帮助总统准备新闻发布会,帮助总统在出外旅行中安排接受新闻界的采访,接待记者提出的单独采访总统的要求,并负责安排具体时间和地点,向新闻界分发总统演讲的新闻稿和有关材料,负责给来白宫采访的记者颁发白宫采访证等。

除了新闻秘书外,总统还拥有好几个传播主管。人数根据各个总统的需要而定。每个人都有分工，如在克林顿第一个任期内，一共有五个传播高级主管：

（1）策略传播：负责制定传播沟通的策略，以使白宫的对外公关取得最好的效果。

（2）信息部署：传播主管一般都有总统的工作时间表。这个表包括总统每天的行踪以及一年的既定工作计划，而传播主管就根据这个工作表来制订发布信息的步骤和时间。

（3）信息协调：与各个部门协调，因为每个部门都有信息要发布和传递，所以需要传播主管协调各个部门的利益，统一与媒体和公众进行沟通。

（4）信息放大：总统和白宫的工作需要让外界尽可能多的人知道，吸引更多人的眼球；传播主管在当职总统竞选连任时，帮助总统策划和部署选战。

（5）以上列举的是美国政府传播职能的设置，同时，白宫还设有全球沟通办公室。

"9·11"事件发生以后，美国担心海外公众特别是伊斯兰国家的民众不支持美国的反恐战，所以专门成立了一个负责海外宣传工作的"战略影响办公室"[①]。该办公室工作包括通过与五角大楼这样的机构向外国媒体发布消息，向外国记者或领导人发送宣传美国观点和攻击敌对政府的电子邮件等。之后，战略影响办公室改为"全球传播办公室"，其功能与职责包括：每日信息沟通；制订全球传播计划；制定长期对外宣传战略。

二、西方政府传播的核心理念与主要内容

（一）西方政府的宣传理念

在英语中，与宣传对应的词是"propaganda"，最初是一个中性的词，意思是"散布或宣传一个思想"。在第一次世界大战中，宣传被广泛运用于交战双方，以此来影响和控制本方、敌方的士气和思想。一战时，英美都成立了战时的宣传机构。战后，西方学者开始研究和反思宣传控制的问题，如拉斯韦尔、李普曼和贝耐斯等。在第二次世界大战中，宣传策略在战争中被运用到登峰造极的地步，在恐怖纳粹和冷战中，东西方阵营的意识形态斗争的背景下，"宣传"在西方被贴上了"邪恶"的标签。特别在美国，"宣传"仿佛已经是纳粹和共产主义的专利一样，被弃之不用，代之以"公关""说服"等词。在西方人眼里，它是独裁者奴役人民的手段，有欺骗、造谣的意思。由于受到两次世界大战以及冷战的影响，西方语境中的"宣传"经常带有贬义的意思。第一次世界大战以后，西方人普遍认为，以控制人的心灵为目的的宣传对于战争成败和社会稳定具有举足轻重的影响，因而对于可能与专制相联系的宣传产生了一种恐惧心理。

---

① 沈国麟：《控制沟通》，复旦大学出版社 2006 年版，第 53 页。

尽管西方国家忌讳"宣传"二字,但是他们非常注重宣传,他们的政府时时在对他们的人民、在对世界人民尤其是敌对国家的人民开展宣传,只不过他们做得比较隐蔽、比较聪明、比较有策略性。

(二)西方政府的公关理念

20世纪初,公共关系成了美国一个新兴的行业。到19世纪20年代,"作为一种由专业班底实施的管理操作活动的概念,公共关系的形象开始出现"。公关作为一种行业的出现,不仅使得政府开始考虑与公关公司合作,推广政策,而且更重要的是,这样一种操作的理念,为美国政府、企业和利益集团所普遍接受。政府开始考虑创造更多的专职机构,运用公关理念来专门利用媒体来塑造形象和推广政策。并且,政府的一些高层公关人员,原来就出身于公共关系行业,对这套操作程序熟稔于心。这些人员和机构是政府宣传的主力军。在政府形象塑造时更重视采用以现代经济学和私营企业的管理理论与方法作为理论基础的新公共管理思想来改善行政绩效,从而改善政府形象。

传统政府的传播内容重点在政府政策以及对政府本身的宣传,传播内容多与政府自身有关。20世纪80年代以来的新公共管理运动使服务型政府的理念深入人心。西方国家政府在"服务"理念的指导下开始强调传播内容的公共性,把公共信息服务作为其传播的主要内容。因此,在传播信息的内容上,由以政府自身相关办事信息和政策导向为主转变为以密切联系公众生产、生活的服务信息为主。公共信息服务大大扩展了西方国家政府传播的内容,打破了政府传播内容单一化的状态。

当前,政府特别注重同媒体的公共关系维护。例如,英国政府就十分看重与媒体之间的互动关系,这主要是因为在一个媒介化的社会,在一个全民选举的时代,政府在媒体上该如何展现已变得比以往任何时候都至关重要。任何微妙的细节都会通过媒体得到放大,进而直接影响到公众的印象和看法,致使他们做出支持或是反对的决定,最终影响其政治前途。所以,无论是否执政,所有政党无时无刻不在考虑如何创造一个更好的形象或界定一个更好的形势,以期为自己带来最有利的政治优势并最终获得公众的支持。正如英国学者麦克奈尔所说:"如果有一个组织斗胆闯入当代政治领域,却缺乏对媒介运作的深入理解以及对公共关系机器如何将这种理解转化为政治优势的认识,那么勇气可嘉之余,失败似乎命中注定。"

三、西方政府的传播实践考察

由于市场的不断细分,为了精准地吸引到目标群体,企业不断追求个性化、针对性较强的传播。但不同于企业,政府传播需要考虑公众的感受,在保留自身机构的特点的情况下,传播内容须兼顾社会共性。本节将围绕政府的危机传播、科技传播和旅游传播展开,探讨政府传播与国家品牌建构之间的关系,阐述政府是如何结合实际,与时俱进地开展传播工作的。

（一）危机传播实践

对于政府来说，考验政府的管理能力在于危机发生前和发生后这两段时间。危机发生前，政府是否能做到有效预警，危机发生后政府能否积极救治，挽回危机所造成的各种损失。而对于危机事件，根据事件的性质大致可以分为两类，一类是自然灾害，一类是人为事件。

自然灾害对人类社会造成的生命财产损失无时无刻不在考验着政府的危机处理能力。美国政府在危机中一般采用以下措施：

主动沟通。当危机事件发生时，由于其巨大的不确定性，使各种流言、谣言不断产生，导致人心浮动。随着时间的推移，很可能导致"涟漪效应"，产生新的危机。因此需要政府及时传递官方权威的消息，以安抚人心。

承担责任。危机发生后，政府不能改变原先的行为，但可以改变公众对政府的看法。犯下的错误已经无法改变了，承认错误总比逃避责任好。主动承担责任是危机公关的重要策略。2005年8月，飓风卡特里娜在美国墨西哥湾沿岸新奥尔良外海岸登陆。整体造成的经济损失可能高达2 000亿美元，是美国历史上破坏最大的飓风。因这场飓风死亡的人数为1 833人，是美国历史上最严重的一次自然灾害。飓风是对美国政府的危机管理能力的一次重要考验，其间暴露出来的政府应对措施滞后、救灾工作疏忽大意等问题使得布什备受指责。

飓风卡特里娜袭击美国南部后，希尔和诺顿公关公司的危机公关部主任保尔·克拉克向政府建议道："最重要的是接受所有的批评，如果批评是对的话，人们会原谅失误，但不会原谅借口。把事实充分地曝光，但不要推测你不知道的事实，比如死亡人数。"在布什亲口承认他应该对美国政府对飓风卡特里娜处灾不力承担责任，"卡特里娜暴露了在美国政府各个层面上的严重问题，在一定程度上，联邦政府并没有完全做好自己的工作，我本人也有责任"。政府首脑勇敢地承担责任，对于稳定民心，挽回政府形象是有很大的作用的。

当然，对于政府而言，当时当地的政治气候对政府的危机传播也有很大的影响。不是每个总统在危机后的第一时间都能主动承认错误。像飓风卡特里娜这样的自然灾害背后所牵扯的政治因素与"水门事件"和克林顿的"桃色绯闻"不同，其中涉及的政治气候与党派因素相对简单。

采取行动。挽救危机必须采取行动，并且要先于媒体采取行动。在2009年秋天的加利福尼亚森林火灾中，人们通过Facebook、Twitter以及其他社会化媒体向他们的朋友、亲戚和邻居们通知自己的行踪和火势邻近的情况。他们还设置了同谷歌地图的链接，以便于其他人追踪到大火向商业区、居民住宅以及学校蔓延的情况。美国红十字会在加利福尼亚大火中也同样利用Twitter来发布救援准备工作和物资的信息。另外，Twitter也被用来与红十字会员工和志愿者联络，通知他们帐篷的搭建情况以及食品和饮用水的分发点。澳大利亚维多利亚州森林火灾后，其总理陆克文(Kevin Rudd)在自己的 Twitter 中向他的 7000 多位 Twitter 粉丝发表信息,号召他们向受灾者捐款、献血。同样在这场大火中,MySpace 将它的 200 多万注册用户同当地的一个团体联系起来以通知他们事故的紧急联系人和捐赠途径。Facebook 也成立了一些团体来帮助那些在火灾中失去亲人的家庭。

在危机传播领域的研究中,自然灾害是一个主要的组成部分。虽然不能将自然灾害发生的责任归咎于组织机构,但是如果组织机构不能迅速地将形势恢复到正常的状态,那它们就会受到质疑。

2008 年 12 月,美国花生黄油制造公司生产的腐烂花生黄油引发了沙门氏菌感染事件,造成 8 人死亡,大约 500 人患病。三家政府机构——疾病防治防御中心(The Centers for Disease Control and Prevention,CDC)、食品药品监督局(Food and Drug Administration,FDA)和健康服务部(the Department of Health and Human Service,DHHS)需要尽快向广大公众发布预警信息以遏制死亡的发生和其他相关疾病的蔓延。食品药品监督局建立了召回产品的数据库,并通过美国疾病防治中心发布相关信息,因为疾病防治防御中心的网络基础设施建设能够迅速通知公众。

政府机构一直使用传统媒体发布信息,但经过电话会议的集体研讨后,他们决定同时使用社会化媒体告知公众避免食用受污染的花生黄油。他们使用了 Twitter、播客、博客、电话提醒和在线视频等传播方式,并发布到其他政府机构以及私人组织管理的网站页面上。网站用户可以通过微件查询食品药品监督局的数据库,9 天内使用次数就高达 140 万次。食品药品监督局网站上也开辟了专题博客。这些帖子都来自保健专家和美国疾病防治中心官员,并包含一些如何远离禁用产品的专题视频。YouTube 视频网站中也发布了一则视频指导人们如何避免使用受污染的花生黄油。

对于政府来说,除了上述案例,其他人为危机事件还可以分为:

(1)社会运动。如美国 20 世纪 50—70 年代人权运动在全国各地的烽烟四起,以及美国越战和伊拉克战争中爆发的反战运动等。

(2)政府首脑和官员的遇刺或丑闻。如肯尼迪遇刺身亡,尼克松因为"水门事件"而下台,克林顿与莱温斯基绯闻案等。

(3)恐怖主义事件。20 世纪 90 年代以来愈演愈烈的恐怖袭击事件使得恐怖袭击已经被列为美国政府的重要危机事件。特别是自"9·11"事件以来,美国民众对于恐怖事件已经成了惊弓之鸟,美国政府也成立了国土安全部,专门应对恐怖袭击事件。

(二)科技传播实践

美国国家航空航天局(National Aeronautics and Space Administration,以下简称"NASA")是美国联邦政府的一个行政性科研机构,负责制订、实施美国的太空计划,开展航空科学、太空科学的研究。NASA 因为其航天飞机、火星探测器、国际空间站等一系列重大航空航天项目而被世界熟知，像"阿波罗登月""天空实验室"等计划在人类发展的长河中都具有里程碑的意义。很长一段时间里，NASA 对于美国人民而言是自豪与骄傲的象征。

然而，在 1986 年和 2003 年发生了两次重大事故，"挑战者号"和"哥伦比亚号"两架航天飞机被毁，导致 14 位航天员死亡，造成美国国内对航天飞机未来的信心大减。2003 年以后，NASA 不考虑建造新的替补航天飞机，2011 年所有航天飞机项目被全部停止。再加上太空探索所需要的高昂的研发成本，光是"阿波罗计划"以及"土星计划"中使用的航天器就花费了美国联邦政府数十亿美元，美国纳税人不再愿意为遥不可及的科学研究买单。因此，NASA 对美国国民的影响力已经远不如从前，人们对于 NASA 在科学领域的努力与成就几乎是一无所知。

作为一个政府机构和公共机构，NASA 同时负有宣传和教育的责任，需要吸引更多的人了解宇宙，了解地球家园，了解太空探索对人类生命的重要意义以及 NASA 在其中起到的作用。因此，NASA 的传播工作就显得尤为重要。

NASA 传播的首要目标是要引发公众的兴趣，让公众了解 NASA 并与他们建立联系。因为其研究内容的专业性，对大部分公众而言可能不太容易真正理解那些太空项目的意义，但这并不妨碍公众的参与。代表 NASA 飞入太空的航天器都会有自己的名字，比如"先驱者号""旅行者号"，听起来就有很强的感召力。NASA 会主导一些项目的命名工作，但很多耳熟能详的名字并不是 NASA 的科学家和工程师闭门开会讨论出来的，而是积极邀请公众加入命名活动。NASA 会创造很多机会，让美国民众为天体命名、为某些天体地貌命名和为探测器命名，所以命名活动也成了 NASA 与公众交流的一项"保留"活动。

在众多振奋人心的名字里，"好奇"（"Curiosity"）是一个特别的存在。2008 年 11 月，NASA 面向全美的 5—18 岁青少年征集火星探测器的名字，2009 年 3 月 23 日至 29 日，美国公众可以投票选出九个名字，并由 NASA 做出最终的筛选。当时，NASA 通过网络和信件一共收到来自全美的 9 000 多个命名方案。2009 年 5 月 27 日，NASA 宣布在读六年级的华裔女生马天琪（Clara Ma）的命名方案最终赢得了胜利。作为奖励，马天琪获得一次前往位于加州帕萨迪纳的喷气推进实验室（JPL）参观的机会，并亲手把她起的名字"好奇"写在正在组装的火星探测器上。在她的方案中，马天琪是这样解释她为什么选择"好奇"为名字的："好奇心是在每个人的大脑中持续燃烧的火焰。每天早上，是好奇心把我叫醒，使我想知道生活在这一天会给予我什么惊喜。好奇心是一种如此强大的力量。没有它，我们不会是今天的样子。好奇心是驱使我们度过每一天的那种激情。我们已经成为有提问和求知需要的探索者和科学家。"当 NASA 公布马天琪的短文后，很多读者表示深受鼓舞，又重新发现了太空探索事业对社会的意义。

如果用发展的眼光看待航空科学、太空研究，青年的参与至关重要。2006 年，美国国内一项调查显示，年龄在 18 到 25 岁的这一代人对大气层之外的宇宙并不关心，

51％的年轻人认为 NASA 和他们没什么关系。NASA 也曾被美国主流媒体评价为"无聊、呆板的地方"。而在该调查 2 年后开展的火星探测器命名活动，不仅改变了被公众排斥的状态，拉近了同公众的距离，更像是在孩子们的心底种下了一颗向往科学、勇于求知的种子。通过这样的传播方式，NASA 提升了公众的关注度和参与度，激发公众与 NASA 产生共鸣，从主观上支持 NASA 的工作。一个名字的重要性也许很难与 NASA 项目的科技含量相提并论，但是，当全民见证了整个命名的过程，与飞行在太空中的航天器产生了情感联系，当人们再看到有关 NASA 的新闻报道，也不会感到那么陌生了。

当然，一个好名字只是 NASA 传播的开始。NASA 给"好奇号"火星探测器（Mars Curiosity Rover）建立了独立的 Facebook、Twitter 和 Foursquare 账户，并用第一人称口吻，以及有趣诙谐的语调在这些平台上"发声"，很快便拥有了数百万的追随者。如果用企业的经营架构来帮助理解 NASA 的传播实践，那么 NASA 是一个品牌，"好奇号"火星探测器则是这个品牌旗下的明星产品。NASA 在传播时很注重运用"第一人称"这个小技巧，其很多社交媒体账号都被设定为一个"真实的人"，通过图片搭配文字，讲述他们在太空的故事，持续更新，使受众觉得这些看似遥远的太空事物并没有那么疏离。

除了利用传统媒体进行传播外，NASA 还积极利用社交媒体开展同公众的互动。NASA 希望打破人们对传统政府机构严肃权威的刻板印象，展现其个性化、多样化的形象，与更广泛的公众产生共鸣，同时打破公众与科学间的屏障，将带有很强科学性、技术性的信息用另一种方式传达给关注者。社交媒体最主要的贡献在于把 NASA 放到了公众面前，让 NASA 自己讲述那些关于探索发现宇宙的故事。现在这些故事广为流传。

当前，相比美国白宫在 Twitter 上的 650 万粉丝，NASA 拥有 1 130 万粉丝，其 Twitter 官方账号连续两年获得"Shorty Award"政府机构最佳社交媒体使用奖，此外在拥有 410 万的 Instagram 粉丝、1 170 万的 Facebook 粉丝，NASA 的官网也已成为了美国第三大受欢迎的政府机构网站，甚至连 NASA 爱好者维护的"NASA 中文"新浪微博也有 1 442 万粉丝。可以说，NASA 已在传播实践、新媒体应用中积累了不少经验和技巧。每个平台的选择都有战略意义，譬如 NASA 的许多信息图像都是图片，因此开通 Instagram 是必然的。每天在 Instagram 上分享一张照片，可以是来自国际空间站，也可以是来自航天器，甚至是来自宇宙望远镜的图片。不同平台也会吸引不同的受众，例如 NASA 加入以女性用户为主的 Pinterest，这也和 NASA 一直致力于鼓励女性积极学习科学、技术、工程和数学的观念一致。

虽然是政府机构，但是 NASA 打破常规，自视为一个品牌，用多重平台塑造、传播自身形象，同时又承担了教育宣传等公共职责。NASA 运用直接与大众对话的方式，并在此基础上寻求创新，可以说是政府机构里特立独行且走在最前沿的代表。而大众也因此不仅仅知道了冥王星的美丽图案、"另一个地球"的存在，更是多了份对宇宙、对科技的关注并激起积极的社会话题。而社交媒体平台能被如此广泛运用也是展现了时代特色，其传播潜力不容小觑，或许这些平台在普及科学与创新方面并不能带来直接的影响，但 NASA 通过它们为公众打开了一个新的兴趣口，使他们与科学世界慢慢变得亲密。

很多时候，看似 NASA 只是在社交媒体平台上发布一些关于宇宙的漂亮照片，其实每张图片中都蕴含了很多信息。NASA 希望通过这些吸引眼球的图片吸引更多受众关注科学领域、学习科学知识。传播内容设计不是凭空捏造，而是依据传播规律进行的。以 NASA 的传播内容为例，其传播活动中的信息有以下两个突出的特点：

1. 明星效应

名人拥有很强的号召力，邀请社会名人担任形象代言人是提升品牌推广产品、服务的有效方法。政府部门同样存在"名人"，这些"名人"除了是政府各个部门的主要负责人外，还可以是上文提到的"好奇号"火星探测器。不只是在美国，全球有很多科技爱好者时刻关注着"好奇号"的动态，当其影响力达到一定程度时，"产品"也就变身为"代言人"。

2. 戏剧效应

在创造主题事件、话题讨论时加入戏剧效果，营造故事氛围，抓住公众的兴趣，激发公众的情绪，使得公众的关注得以持续。NASA 发布的"迄今最清晰的冥王星照片""最近似另一个地球的 Kepler-452b"短时间内在各个社交媒体平台上传播，这些宇宙的新发现迅速成了社交媒体上的明星，被公众大量评论、转发，甚至被品牌采用写入文案作为营销亮点。

以上两个特点可以帮助 NASA 加强传播效果，扩大信息传播的范围和影响的时效。同样，NASA 也十分注重信息的表述。为了避免传播内容太过晦涩难懂，在确保内容准确性和可靠性的前提下，NASA 会选择一切能让受众理解的词句去解释说明。例如，NASA 经常在社交媒体上宣布，要进行一次 EVA（即太空舱舱外活动）。在 NASA 里 EVA 的使用极为普遍，但普通受众对"EVA"一词却很陌生，所以互动效果平平，粉丝甚至留言问是不是"Space Walk"（即太空漫步）。这就体现了社交媒体的灵活之处：每当受众困惑时，他们可以随时留言，NASA 会即时回复。如果发现很多人都不理解某个概念或某则信息，NASA 会重新发布一条更加易懂的内容，这样的交流可以帮助同用户建立起良好互动机制。更有意思的是，NASA 还运用 Google Hangouts 专门开设视频在线问答、信息发布会等。有时还会开展一系列社会互动项目，而只有其社交媒体平台上的关注者才有机会去航天局实地参观，与宇航员、科学家、工程师等对话，活动的发布推广报名也只能通过社交媒体渠道。这些传播活动开支不大，却面向群体明确，互动性也很强。基于社交媒体平台，NASA 使自己的传播资源的价值得到了最大限度地利用，使之发挥出相应的文化功能和宣传功能。

（三）旅游传播实践

厄瓜多尔共和国位于南美洲西北部,北与哥伦比亚相邻,南接秘鲁,西濒太平洋。因为其独特的气候和地理位置,厄瓜多尔拥有丰富的旅游资源,首都基多就处在皮钦查火山的山麓。但是,尽管厄瓜多尔政府为游客们提供了各种国内景点游玩的条件与服务,人们依然更愿意选择出国度假,造成出国旅游火热,而国内景点却无人问津的情况。在这样的市场背景下,厄瓜多尔交通旅游部希望增强厄瓜多尔当地居民对国内旅游景点的认知,改变人们对国内旅游业的认知,使人们了解到国内丰富的旅游资源,鼓励人们选择在国内旅游景点度假,促进国内旅游业的发展。

这是一个政府自我宣传的典型案例,传播主体是厄瓜多尔政府,受众是厄瓜多尔民众,传播目标是向旅游市场推荐国内旅游景点,吸引人们留在国内度假。与该目标类似的旅游传播并不在少数,常见的旅游传播方案大都始于介绍自己的优点、特点,并配上精美的图片。无论传播内容中包含的元素有多少,信息的传播流总是单向的,就算增加了互动的环节,与受众的交流也是基于传播本身,而非真实的旅游体验。并且,与该目标类似的政府传播也不在少数,大部分政府主导的旅游传播是通过拍摄高品质的旅游宣传片。但因为政府有着天然的资源优势,可以记录下景点最美好的一面,所以人们会担心当自己亲临现场时并不能见到那样的美景。

厄瓜多尔交通旅游部策划了一个名为"盲目的旅行"(Blind Trip)的传播活动。厄瓜多尔交通旅游部邀请并赞助国内 40 位旅行爱好者前往南美洲旅游胜地——哥斯达黎加旅游。当这些旅行爱好者享受完假期准备回国时,突然被告知他们从没有离开过厄瓜多尔,他们去度假的地方是特纳(Tena,厄瓜多尔的一个旅游城市)。在游客们无比惊讶之时,他们也重新发现了国内旅游景点的魅力。

为了使游客们相信他们即将出国旅游,厄瓜多尔交通旅游部事先将游客出行所必须经过的场景全部布置成与哥斯达黎加相关的。提前将机场、纪念品店、大巴、路标,甚至手机的信号都改造成哥斯达黎加,每个细节的设计让游客们以为他们真的就是在哥斯达黎加度假。同时,该传播方案采用了实验性广告的拍摄手法,用隐蔽拍摄的视频形式完整记录了游客们的行程细节,真实体现了旅游景点,以及游客们在整段旅程中的反应,包括对旅游景点的真实评价,以及最后难以置信的表情。与以往国家官方旅游形象片的推广方式有别,"盲目的旅行"在传播形式上显得别具一格。不仅那 40 位参与活动的游客切身感受到了厄瓜多尔的旅游景点丝毫不逊色于国外,戏剧化的情节设置增强了这段体验的感染力和影响力,加深了人们对厄瓜多尔的印象,提升了好感度。

在本国的国庆假期之前,厄瓜多尔交通旅游部将"盲目的旅行"视频投放在各社交媒体平台,YouTube 上获得了 1 900 万次的点击量,并得到包括 CNN、Yahoo News 在内的 1 400 家媒体转载报道。视频采用真人拍摄,在传播上更能引起情感共鸣,因而能引起更多的关注与讨论。与前一年的国庆假期相比,厄瓜多尔国内航班的销售额上涨了 17%，前往特纳的机票早已售空。厄瓜多尔交通旅游部的创意十分新颖，甚至有些不符合政府机构通常给人们留下的严肃印象。单从传播方式分析，该传播方案确实创新大胆，但更值得其他传播主体学习借鉴的是其创作思路和表现手法。厄瓜多尔交通旅游部改变了自上而下的单方面传播方法和思维定式，以传播目标为导向，用国内游客的真实体验作为传播内容，其效果不言而喻。

（四）政府传播与国家品牌

"国家品牌"由 Simon Anholt 于 1996 年首次提出，这一概念的出现为如何通过提升国家形象来实现经济利益提供了一个新的视角。自此，他的观点迅速渗透到众多国家形象传播的理论中，这些理论假设国家可以像商品一样营销，积极有力的国家品牌将为该国在竞争中发挥至关重要的作用。随着全球化的推进和商业社会的发展，品牌和国家已经在消费者的头脑中融合。Anholt 更是搭建了"The Points of the Hexagon"（国家品牌六边形）模型，成为衡量一个国家品牌是否成熟的尺度，其中的六个组成要素分别是：旅游业、出口、外交政策、投资与移民、历史与文化、本国人民。此外，Anholt 创建了"National Branding Index"（国家品牌指数），用于量化世界对每个国家的认知，就如同国家是大众品牌一样。

品牌打造不只是微观品牌，更重要的是宏观品牌，宏观品牌对微观品牌有重大的制约和鼓励作用。美国早在 19 世纪末 20 世纪初就发展成世界第一强国，但美国品牌在欧洲代表的是盗窃者、暴发户，代表质量低劣，所以美国货在欧洲一直卖得不好。两次世界大战后，由于美国成功的外交政策，尤其是马歇尔计划的成功，美国国家品牌形象逆转，从而大大提升了美国产品的品牌。20 世纪 80 年代初，因为国家品牌效应不高，日本车在美国市场售价很低。但日本在 80 年代给世界留下勤劳肯干、具有团队精神、做事精益求精等印象，短时期内日本品牌就在世界各地开始崛起。

创造国家品牌的目的是塑造积极的国家形象，所以品牌是受国家形象驱动的，而形象在很大程度上依赖于视觉和符号。2011 年 9 月 21 日，时任英国首相戴维·卡梅伦在纽约证券交易所宣布发起"非凡英国"计划。时值英国经历了城市暴乱、经济持续低迷，也是为了迎接 2012 年的伦敦奥运会，这项国家形象工程由英国外交与联邦事务部（FCO），英国贸易投资总署（UKTI），内阁办公厅，英国商业、创新与技术部（BIS），英国文化协会，英国国家旅游局以及私有领域合作关系共同实施，旨在向世界展现英国在企业、知识、创造力、文化、环境保护、音乐、语言、文化遗产、乡村、运动、创新、购物等方面的优势，并以各个优势为主题设计相应的宣传方案和活动。英国发起的国家形象计划沿用了品牌与品牌形象的概念，将英国元素在"非凡英国"品牌的包装下推向世界。

"非凡英国"围绕核心理念发展出一系列计划，每一个宣传设计都采用了相似版式，重复强调 GREAT 的概念，将 GREAT 与 BRITAIN、BRITAIN 与各个主题相联系。"GREAT"概念的不断重复，和英国的多样文化元素相联系，增强了宣传的感染力,使"非凡的"英国形象深入人心。该计划的重点推介对象是 9 个国家——澳大利亚、巴西、加拿大、中国、法国、德国、印度、日本和美国的 14 个城市。

具有代表性和竞争力的国家品牌形象,例如意大利与"时尚"、德国与"工程",通常只限于某国的特定行业领域,而非覆盖整个国家,因此一个国家不应该只塑造单一的国家形象或建立唯一的国家品牌。国家品牌的吸引力在于差异性。国家品牌的核心理念是展示一个国家,或其人民,或其文化的独特性,以识别和区分国际社会中的"我们"和"他们"。相比公共外交,国家品牌把国内外公民都作为同等重要的目标受众。并且,国家品牌定位于一个国家的普通公众,比以精英为导向的公共外交更"公开"。在建立国家品牌时,传播主体可以选择国家最希望与之沟通的群体展开交流,从而达到最优的传播效果。不过,影响国家品牌建构效果的因素较多,政治品牌、文化品牌的打造比经济品牌充满更多的变数和制约因素,故建构的难度也更大。

第三节　西方非营利性组织的传播理念与实践

一、西方典型非营利性组织的类别与特征

在全球化浪潮的推动下,随着全球公民社会运动的兴起,非政府组织(Non-government Organization,简称 NGO)发展迅猛。目前世界上各类 NGO 达数百万之多,其中国际性 NGO 超过 35 万个,国际上确认的国际组织 90％以上都是 NGO。仅美国一国的 NGO 已经达到 160 万个之多,仅基金会就有 4 万个。加拿大各类 NGO 达 107.8 万个,其中 7.8 万个慈善机构,10 万个非营利组织,90 万个基层组织。[①]

所谓"非政府组织",1950 年联合国经社理事会第 288 号决议中规定:"任何国际组织,凡不是经由政府间协议而建立的,都被认为是为此种安排而成立的非政府组织。"1968 年第 1296 号决议中重申了这一定义。对于其内涵,联合国新闻部曾做过较全面的解释:非政府组织是在地方、国家或国际层面上组织起来的非营利性的、自愿的公民组织。这类组织面对同样的任务,由兴趣相同的人推动。它们提供各种各样的服务和发挥人道主义作用,向政府反映公民关心的问题,监督政策制定和鼓励在社区水平上的政治参与。它们提供分析和专门知识,发挥早期预警作用,帮助监督和执行国际协议。

NGO 日益成为继主权国家和超国家机构(政府间国际组织)、跨国公司之后崛起的又一重要的国际行为主体,其蓬勃兴起,是对人类社会在为实现可持续发展的

---

① 刘小燕、王洁:《政府对外传播中的"NGO"力量及其利用——基于西方国家借 NGO 对发展中国家渗透的考察》,《新闻大学》,2009 年,第 1 期,第 105～118 页。

努力中所遇到的市场失灵和政府失灵问题做出的反应和回答。

在国家对外传播主体问题的认识上，西方国家认为非政府组织与政府同样重要。国际 NGO 在西方政府的传播活动中扮演重要的角色。西方非政府组织或配合政府的行为，为政府拉高声势；或补充、代替政府去完成政府不便出面或难以完成的使命。譬如美国对外推进民主一直是美国政府重要的对外战略目标。美国政府有很多机构直接从事海外推进民主计划，如"美国国际发展署"及"美国国务院民主、人权和劳工局"等，这些机构为那些符合"民主标准"的国家提供大量资金，以促进和巩固所谓的全球民主。

与此同时，美国一众 NGO 在其对外推进民主的进程中也扮演了不可替代的重要角色，主要包括国家民主基金、国际事务国家民主研究所、国际私人事业中心、美国国际劳工团结中心、国际选举体制基金、自由之家、欧亚基金会、卡特中心等。很多 NGO 都带有较强的意识形态偏见和一定的政治利益，有的被西方利用，当作对外渗透、干预和扩张的工具。

西方国家将 NGO 纳入自己的轨道，将其当作可变通的实现自己目标的途径。[①] 尤其在"颜色革命"中充当急先锋的美国 NGO，如爱因斯坦研究所，及其所属"人权基金会""民主价值基金会"及"宗教自由基金会""OTPOR（一个学生团体。塞尔维亚语"反抗"之意）""自由之家""国际共和研究所""索罗斯基金会""开放社会基金会"等。

二、西方非营利组织的传播理念探析

非营利组织的资源往往都是能让公众广泛认同、信任的，因为他们的权威性可以被最广泛的消费者接受，而他们的公益性又可以得到国家各级主管部门的支持。不论人们身在地球何方，不论人们所处的环境多么完美，抑或周围的环境是何等糟糕不堪，自然灾害都可能来袭。在美国，东南部各州、墨西哥海岸区和东海岸地区都容易遭受飓风的袭击。西海岸（还有许多其他地区）是地震带。龙卷风、洪水和严重的暴风雪也会对美国其他大部分地区造成损害，当人们的生命、家园和生活资料在灾害中丧失和遭到破坏的时候，乐善好施的人总会慷慨解囊进行捐款并提供其他救助。

然而，这却引发了一些新的危机。当善款直接到达自然灾害的受害者手中时，那些非营利的慈善组织就可能会遭遇资金短缺的困境。许多捐赠者只会提供确定数目的善款，他们不得不选择哪种灾难更值得捐赠。有些提供重要服务的组织面临着难以为继的生存困境。不论是天灾还是人祸，当灾难来临的时候，非营利慈善组织通常很容易被忽视。

三、西方非营利组织的传播实践

（一）公益组织

公益组织是一种合法的、非政府的、非营利的、非党派性质的、非成员组织的、实行自主管理的民间志愿性的社会中介组织，其主要活动是致力于社会公益事业和解决各种社会性问题。西方的公益组织发展较为成熟，已经意识到有效传播能发挥不可小觑的作用。通过传播，公益组织可以扩大自身议程的影响范围，唤起更多公众对某个社会问题的关注。

在目标方面，公益组织传播也可以概括为三类，即改变目标受众的"认知""态度"和"行为"，并最终推动公益事业的发展。因为其非营利的性质，很多公益组织迫切地需要社会各界的资源支持，而如何在准确传播自身公益理念、达成公益目的的同时获得帮助是每个公益组织面临的挑战。即使是在公益组织较为普遍的西方社会，如果表达不当，有着良好初衷的公益信息也会被公众误认为广告甚至传销信息。下面的案例是关于公益组织 Water For Africa 组织的"The Marathon Walker"的马拉松比赛，看他们是如何寻找到打动公众的关键节点的。

非洲缺水的问题由来已久，取水的工作往往都由妇女来做，她们每天为了取水而行走的路程相当于好几趟马拉松的路程。如何让她们能够不用走那么远的路就能用上干净的水是 Water For Africa 一直致力于解决的问题。Water For Africa 是专为非洲居民免费安装抽水装置的英国公益组织。该组织提供的水泵能有效解决非洲居民的用水问题，但是需要筹集善款来支撑这项开支。

自从美国波士顿马拉松比赛爆炸案发生后，类似马拉松比赛的大型公共活动就越发受到社会关注，这为公益组织策划热点事件创造了条件。Water For Africa 关注的是非洲用水问题，特别是每天辛苦取水的非洲妇女，她们实际上也是"马拉松选手"，每天都在进行着一场目标为取水的"马拉松比赛"。Water For Africa 找到了马拉松选手和非洲取水妇女这两者之间的契合点，于 2015 年在巴黎组织了名为"The Marathon Walker"的马拉松比赛。

Water For Africa 邀请了冈比亚妇女 Siabatou Sanneh 到巴黎参加这场马拉松比赛。比赛当天，她头顶水桶、身挂海报，上面写着："在非洲，妇女们每天都要走这么远去取水。请帮帮我们，缩短这段路程。"通过这样的情景类比，Water For Africa 将非洲妇女取水的艰辛不易和安装抽水装置的迫切展现在了公众面前，可以引发公众情感上的共鸣，促使慈善行为的发生。主办方将 Siabatou Sanneh 的故事发布在网上，借助社交媒体平台如 YouTube、Twitter 等，并将网友导流到 Water For Africa 官方网站，促使网友跟进非洲用水问题以及筹款进度。Water For Africa 在其官网上创建了 The Marathon Walker 的专题页面，其中设置了模块可以实时显示为了取水 Siabatou Sanneh 还要走多少路程，而点击捐款即能为她缩短路程。

这场在巴黎举行的马拉松比赛赢得了极高的社会关注。报纸、杂志、电视台以及多家社交媒体做了现场报道，大大提高了曝光率，与非洲用水相关的话题一度成为法国新闻热点话题排行榜的第一名。活动当天，Siabatou Sanneh 行走的照片在各大图片社交平台上多次曝光，多家报纸、电视台等媒体轮番报道。Water For Africa 官方网站的网页访问量超过 2 500 万次，成功提高了该组织在全球的知名度和影响力。并且，事件经过发酵后产生的影响更广，Water For Africa 在不到一个月的时间里筹集到 400 万欧元的善款，成功为冈比亚的部分村庄修建了抽水装置。

作为公益组织的 Water For Africa 在短时间内完成了传播议程的推广，其主要原因是其准确地将公益关注点呈现在了公众面前，以不卑不亢的姿态向不知情的人们介绍非洲用水的现实困难，打动了受众，成功吸引媒体关注和报道，并引发讨论，扩大了传播影响力。

（二）民间组织

美国的民间组织发展历程几乎与这个移民社会的历史一样悠久。根深蒂固的结社精神与丰富的结社生态，普遍的志愿服务与广泛的公众参与，深厚的慈善传统与巨大的捐赠资源，以及在此基础上形成的世界上规模最大的民间组织及其相应的制度演进，构成了美国民间组织独特的发展史和丰富炫目的现状。

不过，随着社会的发展进程，社会的关注点、民众的兴趣点不断更迭，新的社会问题往往更能吸引人们的注意力，而存在已久的社会问题很容易被搁置一边。所以，这样的现状就急需社会组织调整思维方式，创新传播内容与传播手段。

美国每年有 3 万人死于枪支暴力，仅伊利诺伊州就有逾千人。当地现行的枪支法令并不完善，导致危险的人能够轻易得到致命武器，严重影响了人们正常的生活，甚至威胁到他们的生命安全。然而，由于枪支暴力在美国时有发生，人们在媒体上看到的通常是因枪支暴力死伤的人数，久而久之便对这些数据麻木，很难再产生同理、共情的感受。

2015 年，美国伊利诺伊州反枪支暴力委员会举办了名为"Unforgotten"（没有遗忘）的活动，目的在于纪念本地的遇难者并引起公众的注意，增强公众对反枪支暴力议题的认识，不再对枪支暴力选择视而不见。希望人们能分享这些故事、签署请愿书，要求对所有枪支交易进行背景审核，让枪支远离危险的人，减少悲剧的发生。

美国伊利诺伊州反枪支暴力委员会选取了芝加哥当地 8 名枪击遇难者，根据他们的身高、体重等特征，建造了完全还原遇难者形象的塑像，连衣服都是遇难者生前所穿的。主办方前期做了大量的准备工作，向每位遇难者的家人了解他们的故事，收集他们的个人物品和服装。参照遇难者的照片，通过最接近的身高、体重、站姿和本人衣物，手工制作了这些塑像，高度还原每个遇难者的形象。

然而这些塑像没有脸部特征，这是特意让人们意识到这些曾经鲜活的生命已经逝去，让展览现场的人们能够从视觉、触觉上真切感受到曾经存在的生命，提升对反枪支暴力的认同感。参观者通过一款手机 App，扫描每个塑像上的名签，手机上就会出现这些遇难者生前的影像。此外，这款 App 可以链接到"没有遗忘"专题网站，网站上有遇难者生前的故事，人们可以将这些故事分享到 Facebook、Twitter 等社交网站，还可以采取实际行动，在线签署请愿书，支持对所有枪支交易进行背景审核，推动枪支管理的立法改革。

"没有遗忘"主题活动的全程通过一则在线短片记录，在各大社交媒体平台上传播，产生了超过 1 亿次的媒体曝光量，伊利诺伊州反枪支暴力委员会的网站访问量也创下了历史新高。枪支暴力问题因为存在已久而使人们渐渐漠视，但"没有遗忘"主题活动将停留在书面上的数字"转化"成数字背后所代表的个体。通过将遇难者还原成个体，让公众了解他们生前的故事，产生情感联系，则能带来更大的心理震撼。此外利用 App 扫描名签，将线下展览与线上互动结合起来。每个参与者都可以随时在手机上看到遇难者生前的故事和影像，降低了公众信息获取成本和参与门槛，做到即时互动、即时行动、线上线下一致的体验关联，提高了参与积极性。

（三）国际组织

国际组织是指两个以上国家或其政府、人民、民间团体基于特定目的，以一定协议形式而建立的各种机构。[①] 国际组织分为政府间组织和非政府间组织，也可分为区域性国际组织和全球性国际组织。政府间的国际组织有联合国、欧洲联盟，非政府间的国际组织有国际奥林匹克委员会、国际红十字会等，各种国际组织在当今世界发挥着重要的作用。

与本节之前讨论的公益组织和非营利性组织不同，国际组织所关注的问题具有全球性，因此，其传播对象是不同国家的民众，是语言不通、文化不同的世界各地人民，这就为传播本身增加了不少难度。找出共性、强调共性是国际组织传播工作的重点。

世界粮食计划署是联合国内部负责进行多边粮食援助的机构，总部设在意大利罗马，于 1962 年投入运作。世界粮食计划署的宗旨是以粮食为手段帮助受援国在粮农方面达到生产自救和粮食自给的目的，其援助方式分紧急救济、快速开发项目和正常开发项目 3 种，活动资源主要来自各国政府自愿捐献的物资、现金和劳务。

世界粮食计划署为全球 75 个国家共 8 000 万人提供粮食援助，但是如今世界上仍有 8.05 亿人遭受饥饿和营养不良，这意味着 1/9 的人没有得到足够的食物来保持健康和积极的生活，比艾滋病、结核病、疟疾死亡人数的总和还要多，如何让更多人知道这一现状，并投入到粮食援助的行动当中成为一大挑战。

Free Rice 是联合国世界粮食计划署（WFP）旗下的一款公益性质的网页游戏，由美国网络筹款活动先驱约翰·布林创办，自 2007 年 10 月 7 日开始运营。Free Rice

---

① 马呈元：《国际法》（第三版），中国人民大学出版社 2012 年版。

游戏规则就是答题，开始答题后，页面右面会出现一个装大米的盘子，每答对一题，盘子上就会放上 10 粒大米，而这 10 粒大米便会以实体捐给联合国世界粮食计划署。Free Rice 购买大米的资金主要来自网站的赞助商。游戏中的题目是英语单词的近义词选择题，每题四个选项，词汇难度总共有六十级，难度随着答对次数的增多逐渐增加。Free Rice 网站上的消息栏中写着："无论你是大公司的 CEO 还是穷国家的街头流浪的孩子，提高英语词汇量都会改善你的生活。"而该网站所捐出的米粒从第一天的几百粒到现在一天可以达到近一亿粒。

更有意思的是，Free Rice 不只有英文版，还增设了中文版。中文版的 Free Rice 游戏在英文版原有内容的基础上，新增了中文历史、文学知识问题，还额外添加了"快乐游戏"板块，用户可以通过玩桌面小游戏的方式来捐大米。盛大游戏公司将把网站赞助商提供的广告费全部捐赠给中国扶贫基金会，一部分用于中国扶贫基金会在国内的贫困地区学生营养救助项目，一部分由中国扶贫基金会转赠给 WFP 支持其在亚洲其他国家开展学校供膳项目。

做题和捐大米是看似不相关的两件事，通过 Free Rice 联系在了一起，目前该网站已经为世界饥饿人群捐赠了数百亿粒大米。因为网站寓教于乐的有趣设计，加上一些参加英语考试人群的刚性需求，取得了较好的效果。Free Rice 还根据使用者的情况不断进行优化，譬如在网站用户不断增多的同时，测试题也不再仅仅局限于词汇测验，增加了诸如化学、地理、数学等新的科目，甚至还可以模考 SAT，让网站的用户群体进一步扩大。网站捐出的每一粒大米，包括运营团队的成本，全部由赞助商的广告费用负担。

结合以上案例可以看出，策划此类活动，相比直接求取捐赠，效果会好很多。如果组织方能换一种思维方式去传播，不被短期目标所束缚，主动考虑可以为受众创造什么价值，或带来某种体验或是感受，这种传播效果会更加有效。

第四章　西方社会组织传播手段创新

第一节　社交传播

传播（Communication）一词起源于拉丁语的"communicatio"和"communis"，其含义包括通信、会话、交流、交往、交通、参与等意思，19世纪末成为日常用语，意为人类传递或交流信息、观点、意思、感情或与此有关的交往活动。[①] 其实，社交发生于不同主体之间的交流，所以它的本质是为了实现不同主体间联系的传播活动。

1909年，美国社会学家查尔斯·霍顿·库利（Charles Horton Cooley）在他的著作《社会组织》一书中设置了"传播"一章，从社会学的角度对传播加以论述。库利认为："传播是人与人关系赖以成立和发展的机制，包括一切精神象征及其在空间中得到传递、在时间中得到保存的手段。"[②] 从库利对传播的定义可以看出，传播的过程也是社交的过程，人们通过传播保持着相互影响、相互作用的关系。

一、社交媒体的概念与特征

社交媒体（Social Media），又可译为社会化媒体，是一种以各类社交平台为渠道的传播方式。社交媒体最大的特点是以用户为中心，用户利用社交媒体除了可以进行传统的信息获取，还可以进行信息生产；同时，用户可以利用社交媒体与其他用户相连，共享信息。

这个概念最先由美国学者安东尼·梅菲尔德（Antony Mayfield）提出，出自他所著的电子书《什么是社会化媒体》（*What is social media*）。梅菲尔德认为社交媒体是一种向用户提供了极大参与空间的新型在线媒体，具有参与（participation）、公开（openness）、对话（conversation）、社区化（community）、连通性（connectedness）的特点，赋予每个人创造并传播内容的能力。

参与，是指社交媒体鼓励用户发布信息、进行反馈，模糊了媒体和受众的界限；

---

① 郭庆光：《传播学教程》，中国人民大学出版社1999年版，第2页。
② 张晴：《美国大学对社交媒体的使用研究——以Facebook为例》，四川大学出版社2017年版，第41页。

公开,是指所有人都可以参与到社交媒体中的内容分享、评论、互动,是向所有人开放的;对话,是指不同于传统媒体的单向传播,社交媒体的传播是双向的,具有很强的对话互动性;社区化,是指人们在社交媒体中很容易形成社区,并且这种社区大部分是以兴趣为纽带而建立的;连通性,是指社交媒体能够将多种媒体形式融合在一起。

社交媒体是人们现实社交的延伸。社交媒体不仅帮助人们维持了与线下朋友之间的关系,同时,也在线上帮助人们扩展了交际范围。社交媒体建立了人和人、人和信息之间的联系,社交媒体编织了一张大网,而每个人则是这个网络中的一个节点。

二、社交媒体平台的分类

社交的过程离不开传播,而在人们的社交过程中,社交主体通过媒介相互联系,进行互动。社交媒体已经形成多种传播形态和运营模式,其传播特点远不只是使用不同的社交平台,最显著的特点是其定义的模糊性、快速迭代的创新性和与各种技术融合的适应性。

梅菲尔德将社交媒体分为博客(blog)、论坛(forums)、维基(wiki)、播客(podcast)、社交网络(social network sites)和内容社区(content communities)等六大类。① 我国学者郭淑娟将社交媒体分为创作发表型(新浪博客、天涯论坛)、资源共享型(YouTube、土豆网)、热点聚合型(Digg、Buzz)、协同编辑型(维基百科、百度百科)、社交服务型(Facebook、人人网)、网络游戏型(第二人生)等六大类。②

本章结合西方社会组织应用社交媒体的实际情况,将社交媒体平台分为社交网络、内容社区、资源共享、百科知识等四大类,并依次选择了 Facebook、Twitter、YouTube、Wikipedia 作为案例介绍。

(一)社交网络

社交网络,又被称作社交网络服务(Social Networking Service,简称 SNS),起源于 20 世纪 60 年代。美国著名社会心理学家斯坦利·米尔格兰姆(Stanley Milgram)提出的六度空间理论(Six Degrees of Separation)认为,任意两个陌生人之间所相隔的人数不会超过 6 人,也就是说,最多通过 6 个人就可以联系到世界上任何一个之前不相识的人。③ 社交网络正是基于六度空间理论的观点而建立的。

中国互联网络信息中心对社交网络的定义是,旨在帮助用户建立社会化网络的

① Antony Mayfield,"What is social media",http://www.ebusinessforum.gr/engine/index.php? op=modload&modname=Downloads&action=downloadsviewfile&ctn=1748&language=el.

② 郭淑娟:《论社会性媒体的概念及发展中面临的问题》,《新闻界》,2011 年,第 3 期,第 40 页。

③ 张晴:《美国大学对社交媒体的使用研究——以 Facebook 为例》,四川大学出版社 2017 年版,第 33 页。

互联网应用服务。[①] 社交网络的特征之一是可以为用户提供多种交互方式,例如发私信、聊天、语音视频、文件分享等。基于互联网技术,社交网络服务为用户提供了沟通联系、互动交友的平台。

社交网络突破了时间和空间对人们交往的限制,极大地节约了人们社交的时间成本与物质成本,使人们可以高速、有效地传递与获取信息。社交网络不只是现实社会关系在互联网中的虚拟对应,更重要的是,互联网技术让人们可以通过朋友的朋友不断扩展自己的社交圈,实现社交关系的延伸。

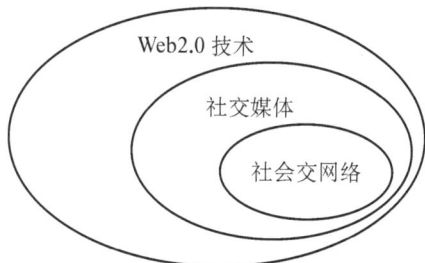

图 1　Web2.0 技术、社交媒体、社交网络关系图

社交网络是一种社会化的网络平台,将有相同诉求的用户聚集在这个平台上,为一群有共同兴趣爱好的人建立了在线社区。西方社会组织同样也积极借用社交网络的优势展开各种形式的传播。

利用社交网络进行传播,无论是企业还是其他机构,社会组织的社交传播很容易留给公众这样的印象:在各类社交平台吸引大量粉丝之后,便开始展开各类广告宣传,力求将关注度变现。但是,在社交网络上打广告是对社会组织的社会化传播的一个误解。以社交媒体广告为例,虽然粉丝数量或者参与度决定了某个组织受到的关注度,并且关注度决定了潜在客户的数量,但是,让传播对象参与讨论社会组织所传播的信息才是首要目的,并且最终目的在于激发受众展开实质性互动的参与。

2009 年,汉堡王在 Facebook 上启动了一个名为"华堡的牺牲品"(Whopper Sacrifice)的应用插件。如果人们删除自己在 Facebook 上的 10 个朋友,汉堡王就免费提供一个华堡,当然,被删除的朋友也会收到通知:他们因为一个汉堡被"牺牲"了。在不到一周的时间里,将近 24 万个不幸的朋友就被 8 万个 Facebook 用户删除了。当时使用 Facebook 的人远没有现在这么多,但活动引发的热议一度达到现象级别。有些人删除了自己的朋友,与此同时有更多的人在讨论这种做法到底是有趣还是卑劣。最后,Facebook 不得不关闭了汉堡王的这个应用。但是紧接着又出现了新一轮的争论,用户和学者开始思考 Facebook 一关了之的举动对汉堡王来说是否公平,是否剥夺了汉堡王的传播机会。

活动结束时,共有超过 10 万名被朋友牺牲的 Facebook 用户被公布出来。而算

---

① 中国互联网络信息中心:《2009 中国网民社交网络应用研究报告》,中国互联网络信息中心,2009 年。

及成本,汉堡王仅送出了一万个汉堡,却成功挑战了人们社交时的"危机意识",引发社会关注,进而让更多人知道了汉堡王。汉堡王通过这样的传播活动,触及的不只是汉堡王的消费者,更是庞大的 Facebook 用户群体。消费者赢得了他们想要的汉堡,与此同时又不得不"帮助"汉堡王在自己的社交网络中进行宣传,是一次品牌与用户开展的真正互动。

"华堡的牺牲品"是一次社交网络传播的典型案例。作为快消品企业,汉堡王不仅擅于利用产品优势,将传播活动与汉堡销售紧密关联,还能熟练使用社交媒体平台,通过线上活动,扩大企业影响力,最终有效地转化为线下购买力。基于社交网络的传播,既通过公众之间的互相吸引、交流达到了传播效果,也使受众参与品牌,成为传播主体的一分子,让品牌成为自己社交以及个体形象的一部分,从而将受众的注意力真正聚焦在品牌上。

(二)内容社区

在众多社交媒体平台中,用户规模最大、用户活跃度最高、最热门的社交媒体营销平台莫过于 Facebook 和 Twitter。相比 Facebook 强大的社交关系线上拓展功能,Twitter 更是一个内容聚合平台,其最大的特征是用户发布的推文(Tweet)不可以超过 140 个字符。和其他媒介或社交媒体平台传播的内容不同,Twitter 更像是状态更新,适合一对多的沟通。内容创作的字数限制为这种依托于社交媒体的传播带来书面传播相对更为注重逻辑的特点,但同时也保留了口语的特点,使得内容更真实、直白。

达美乐披萨(Domino's Pizza)是美国本土一个历史悠久的披萨品牌,成立于 1960 年。从 1973 年起,达美乐推出 30 分钟内将披萨送达的服务,若超过时间,顾客可免费享用,无须支付账单。但是,在数字营销快速发展的今天,达美乐的订单却持续下降。

达美乐希望能重新活跃在大众的视线中,提高披萨的订单量。策划团队发现,人们在使用社交软件进行交流时,非常喜欢用 emoji 的表情交流方式,能使用 emoji 表达时尽量不使用文字。而很多场景下,人们在订餐的同时也正在使用社交软件,这时要退出软件去找外卖电话,然后再下订单,是一个相对复杂的行动过程。

于是,达美乐举办了一个在 Twitter 上发布披萨 emoji 信息就能预订披萨的传播活动。消费者先在达乐美网站上注册账户,填写披萨档案,包括最喜爱的菜单,基本信息、地址和支付方式,如果已经是注册用户,网站会自动链接到用户的 Twitter 上。之后,发送披萨 emoji 的推文并@达美乐官方 Twitter,接下来就可以坐等美味送上门了。当天就有 500 多人通过这样的方式成功预订了达美乐披萨,直接提高了订单量。

当披萨推文发送成功后,消费者在 Twitter 上的朋友们也可以看到这则信息,为达美乐做了免费广告,使达美乐成了社交热点话题,极大地增加了曝光率,也提高了披萨的订单量。这个利用 Twitter 的传播活动创意十足,福布斯杂志、时代周刊都报道了相关新闻,其中有观点认为,达美乐把零售服务提高到了一个新的水平。

结合 Twitter 上内容精炼简单的特征,达乐美创新了下单方式,方便简单、新潮好玩、成本低廉,用户参与的门槛低、参与度高。此外,将自己的品牌名称设置为推文内容的一部分可以激发 Twitter 用户的好奇心和创造力,由此生成更多相关推文,产生联动效应。同时,熟练运用社交媒体使达美乐品牌形象进一步年轻化、时尚化,提升了品牌价值和在社交网络中的传播力。

(三)资源共享

作为在线视频服务提供商,YouTube 每天为全球 10 亿用户提供视频上传、分发、展示、浏览服务。2015 年 7 月 17 日,谷歌发布的截至 6 月 30 日的 2015 财年第二季度财报显示,现在 YouTube 有超过 10 亿用户,世界上所有上网的人群中几乎有三分之一的人每天在 YouTube 合计消费几亿个小时的时间观看视频。西方社会组织也积极尝试借助视频资源共享平台,进行品牌营销和用户沟通。

多芬(Dove)是联合利华(Unilever)公司旗下品牌,1957 年诞生于美国,其洗护产品一直以温和自然的特点而区别于其他品牌。2013 年,多芬开展了一次名为"真美画像"(Real Beauty Sketches)的实验活动,实验的过程通过视频记录,并剪辑成短片上传至 YouTube。多芬的调研报告显示,全球有 54% 的女性对自己的容貌不满意,而本次实验旨在寻求一个答案:女性的容貌在自己和他人眼中到底有何差异。

为了"真美画像"实验,多芬邀请了美国联邦调查局素描肖像家吉尔·萨摩拉为此次受邀参与的 7 名女性绘制素描肖像画。在长达 28 年的职业生涯中,萨摩拉采用特征绘图法绘制了超过 3 000 幅肖像作品。实验过程中,萨摩拉和受访女性分坐在一张帘子的两边,彼此看不见对方,萨摩拉根据她对自己外貌的描述为其绘制特征肖像画。在此之前,这些女性曾被安排各与一位陌生人见面并短暂相处。随后,萨摩拉会根据陌生人的口头描述再次为她们绘制素描肖像画。最后,萨摩拉把两张素描画摆放在一起进行比较。通过短片可以直观地看出,根据陌生人的描述所绘制的肖像画看起来更美丽。由此可见,女性对于自己美丽的不自信更多地在于她们对于自己美丽的苛求。短片的结尾出现了"You are more beautiful than you think"(你比自己想象的更美丽)的字样,点明了这次实验的目的。

短片记录了这些女性在看到两幅肖像画后所作的反应,她们也因此了解到,自信对她们所能产生的重要的意义和影响。萨摩拉坦言:"我根本没有想到同一个人的两张素描画之间居然会有如此明显的差异。我亲眼见证了这些女性在看到并排悬挂的两幅肖像画时所产生的情感冲击。我相信,有不少人通过此次实验改变了对自我的认知,发现自己就是美丽的。"实验短片深深地鼓舞了这 7 位女性以及视频观看者,获得了巨大的成功。

多芬一直崇尚女性真实的美丽,无论外形、身材、肤色或年龄,并致力于提升女性自信，多芬的一系列产品都是在宣扬这样的理念。但在 YouTube 这个平台上，多芬并没有采取常规的广告方式，而是运用做实验的手法，循序渐进地阐述了符合自身品牌形象的观点。其展现实验的过程也是邀请 YouTube 观众一起体验、分享与传播的过程。在其母公司联合利华的支持下，这则"真美画像"短片被翻译成 25 种语音，并在多芬的 33 个 YouTube 官方频道中播放，全球超过 110 个国家的用户都可以观看这部短片。"真美画像"创造了线上营销的记录，视频推出仅一个月，点击量就突破了 1.14 亿。此外，多芬为了此次实验活动设置了专题页面，网页上有更多关于实验细节的内容，并提供了专门的讨论区域供人们互动交流。

（四）附录

1. Facebook 与 Twitter 的功能对比

在 Facebook 上，评论会附着在帖子上，无论是 1 小时还是 1 天甚至 1 年之后的评论，来龙去脉都清清楚楚。此外，不管发表评论的用户有多少，帖子的所有评论都有明确的上下文和流向。因此，Facebook 上有吸引力的帖子很容易生成对话。

而在 Twitter 上就不太容易达到这样的效果。一个用户能够对其他人的推文做出回应，却很难进行追踪。一篇推文得到的回应会显示在它的发布者的动态消息中，如果原始发布者做出某种回应，它就会显示在转发者的动态消息中。但是，当其他人也试图参与对话时就会出现问题。很多人相对最初的推文做出回应，不过他们很难按照时间顺序对彼此做出回应，Twitter 用户需要不断地在页面之间跳转，所以很难开展真正的对话。而 Facebook 的评论是附在帖子上的，类似于博客，对大部分用户来讲更为直观。所以在 Twitter 上很少开展连续的长对话。在 Facebook 上，如果发帖引发很多评论，所有的评论都会附在帖子上，流量是直观并且专属于传播主体的。而在 Twitter 上，发起的话题标签可能会引发几百万个回应，但人们很难知道话题的发起者是谁。

2. Instagram 简介

Twitter 是以文字为主的内容社区，创办于 2010 年 10 月的 Instagram 则侧重于在线图片及视频分享。Instagram 这个名字是"instant"（即时）和"telegram"（电报）两个单词的组合。Instagram 的创始人凯文·斯特罗姆通过即时成像相机获得灵感，希望能够发明一款软件，使人与人之间的照片分享如同发电报一样简便快捷。用户使用智能手机拍照后，可以利用 Instagram 添加各种滤镜效果，然后分享到自己的 Instagram 主页或者 Facebook、Twitter 等社交媒体主页上。2012 年 4 月，Instagram 被 Facebook 收购。

三、作为社会组织传播工具的社交媒体

在社交媒体时代，社会组织不但是信息的发布者，更是线上活动的参与者。借助社交媒体平台进行传播，与目标群体建立良性关系，以平等的角色融入传播对象

的社交圈,社会组织将收获更全面、深入的用户参与,更加忠诚的粉丝,更高的流量转化。

如何做到传播社会化,这是很多社会组织在使用社交媒体时的疑惑。社会化意味着社会组织要深入人群中去,化身为传播对象的朋友,加入他们的社会关系网络,吸引传播对象的关注,创造互动机会,交换观点,及时反馈。

社交媒体平台的发展越来越繁盛,互联网技术大大降低了社会组织了解目标群体的门槛,以至于几乎所有组织机构都试图利用社交媒体作为传播工具,通过各个社交媒体搭建社会关系网络。然而,每个社交媒体平台的应用特征不尽相同,服务的目标群体也会有所差异。传播主体利用不同的社交媒体传播,通过发挥每个平台的传播优势,可以使传播影响最大化、传播效果最优化。但现实中,不少场景却是同样的传播内容被简单地复制、粘贴在不同社交媒体平台上,涉及的平台很多,可是广告性质过强,并不能吸引目标群体的注意,更不要谈产生共鸣和互动参与了。因此以下这些误区需要注意避免。

(一)重传播轻互动

不少社会组织使用社交媒体的方式与传统媒体无异,依然是单向传播的模式,关注点集中于希望传播的内容,而忽略了目标群体是否把握精准、内容是否能被有效接收、是否能与社交媒体的属性相结合,最大化发挥平台的互动作用。只有准确定位目标群体才能展开传播,并且,设计传播内容要保证关键信息被涵盖,同时以简单清晰的方式表达,使传递有效。

此后,需要及时甚至实时地聆听反馈。目标群体的回应可以分为三类:一是针对相关内容的提问,组织方在答疑解惑后,应留心收集问题,寻找规律,锁定目标群体的关注重点;二是关于组织或者其社交传播的建议,在充分了解情况后,组织方可以适当地采纳建议,相应调整方案,并告知目标群体所修改之处;三是情感互动,很多时候人们通过社交媒体平台表达对某一组织的喜爱,组织方可以以朋友的身份与受众交流,了解他们的特征、偏好,为以后的传播积累信息。

(二)先平台后内容

当面对众多社交媒体平台时,很多社会组织会脱离自身的品牌或产品,去选择流量大或时下流行的平台。有些组织机构甚至会在尚未完全掌握平台属性及其特点的情况下就开始社交传播。这个误区导致的结果是:围绕平台设计内容。在传播的初始阶段,过早地限定平台会束缚内容创意的发挥,反而不能完整地表达传播初衷与目的。依赖社交媒体生存的社会组织在不断增加,但是社交传播不仅要重视传播方式,因为其传播身份公开透明,所以传播的信息内容更需要精心设计。使用社交媒体平台的核心目的是服务于组织的传播,如果过分迁就于平台,不能平衡好"在哪里说"和"说什么""怎么说"之间的关系,就容易导致本末倒置,影响传播效果。

（三）跟风多创新少

在激烈的市场竞争环境中，社交传播由于其低成本高产出的优势而出现了羊群效应。行业内的某一个案例做得很成功，不少竞争对手就会在没有对客户做准确了解的情况下推出类似的传播方案。大量被转发、被评论的案例一定有值得学习借鉴之处，但无论这些案例的内容和形式有多么与众不同，他们成功的共同点一定是传播方案能紧贴组织自身的实际情况。社会组织在开展社交传播的前期一定要对自身的产品服务、市场以及目标群体进行调查研究分析，在传播开始之前洞察受众心理，分析判断目标人群的主要行为模式，再根据品牌和产品特征来策划传播方案。

（四）雷声大雨点小

其实，不少传播活动结束后，组织方很难沉淀"粉丝"，收获的多是一笑而过的"路人"，这种现象就是俗称的"雷声大、雨点小"。仔细分析那些成功案例，不难看出社交传播最具挑战的部分是如何能够长期持续稳定地与目标群体进行有效的互动，完成真实的流量转化。遗憾的是，大部分社会组织都将精力集中在传播方案的设计与执行，而对后续运维不感兴趣。传播活动结束后的工作也需要不断创新和突破，如果仅仅追求热闹的活动，而不思考目标群体的沉淀，从长期战略的角度看，这样的传播力并不持久。

在当下的社会，社交传播对每个人来说都不陌生，但是个体的社交媒体经验并不能直接应用于社会组织的传播。社会组织的社交传播应该是在对市场机会进行详细观察之后，权衡利弊，与组织的传播发展战略相结合，统筹传播方式与传播内容，牢记社交媒体平台的特性，再有针对性地开展。基于洞察的创意才是解决方案，作为传播工具的社交媒体则只是实现这个解决方案的一种手段。

四、案例分析

（一）背景摘要

作为一家互联网企业，提到 Airbnb（爱彼迎），人们很容易联想到其具有的多个属性。是一家租房中介，还是一个社交媒体平台？比较难用一个标签来完整形容它。因为擅长制定并执行个性化的社交媒体传播方案，Airbnb 在不同社交媒体平台上都有很强的号召力，不仅可以作为全方位社交媒体运营维护的范本，还是证明社会组织的社交传播不是用社交媒体做广告的最佳案例。

让陌生人住进家里，这样的想法起初连美国人也无法接受。安全问题、隐私问题，还有其他琐碎的难以沟通的问题一直让房东们望而却步，房客们也面临着相似的问题。对陌生人的顾虑让人们面对这样的短租服务时总是显得非常犹豫。无论是对于个体用户还是整个市场而言,Airbnb 建立的是一种新型商业模式,因此教育市场是 Airbnb 发展的首要目标,也是其传播的关键目的。只有架起房东与房客之间的交流桥梁,供需关系问题才能解决。

Airbnb 需要通过教育市场让人们认识并慢慢接受这种新型的短租模式,吸引公众的注意力,而后再进一步锁定目标群体,拓展新用户,以此形成具有一定规模的市场。为了实现上述目标,Airbnb 的主要策略是,通过社交媒体发现、构建、讲述体验型旅行的故事,介绍各地房东的故事,将一间间房间背后的人情味展示给公众,突出当地文化特色,营造归属感,将分享的品牌理念传递给旅行者。

(二) 传播方式

通过社交媒体分享平台内房东、房客以及线下旅行者的真实经历与感受,以讲故事的方式消除人们对陌生人的不安感。2011 年夏天,Airbnb 开放了社交网络连接功能——允许用户接入他们的 Facebook 账号,当启用社交网络连接功能后,人们可以看到与房主之间的共同好友是谁,或是哪些人曾经租住了这间房,以增加房客对于房东的信任,为双方的沟通营造了一个良好的场景。双方的沟通也不仅仅可以通过 Facebook,例如房客需要预订某间房子时,需要向房东发出一封自我介绍,让房东也可以更好地了解即将到来的房客。可以预见的是,在双方还没有正式碰面前,就可以通过不同的沟通方式建立起一种信任和友好的情感。

Airbnb 在官方网站上引入社交网络的链接功能,给用户提供的不仅是一个短暂的住所,更建立起人与人之间的情感纽带。此外,与普通的租房中介不同,Airbnb 是搭建在共享经济的模式上的,所以其平台本身就具有社交属性,能聚集拥有相同兴趣爱好的陌生人,很适合营造社群氛围。2014 年年初,Airbnb 在社区故事模块里陈列出十七个来自世界各地的房东,通过文字、图片和视频来展现他们的故事,故事性的内容很容易引起人们的阅读兴趣,Airbnb 网站上房东故事的平均阅读量在 2 万次左右。这些具有传播力的故事丰满了房东的个人形象,进一步消除房客对住在陌生人家中的顾虑,取而代之的是一种对于房东的好感与好奇。不久之后,Airbnb 又在其网站上融入用户创作与分享的模块,在社区故事模块的最后一部分内容就是邀请用户分享他的旅行、租房体验以及对于当地的认识。这样一来,房东和房客之间以各自的故事互动交流,不仅巩固了现有用户之间的联系,还极大地吸引了新用户的光临。Airbnb 的魅力除了短租的房子外,还有一项,就是人,是平台上的用户,是房东和房客。将个体汇聚起来,也就塑造了Airbnb 的整体形象:友好、热情、人性化。

Airbnb 围绕社交媒体建立自己的平台,通过在社交媒体发现、构建以及讲述故事,吸引人们去发现 Airbnb 能带来的更多精彩体验。这也是 Airbnb 短租平台想打造的差异化的内容之一,即房客不仅仅是租了一间房子,更重要的是房屋的主人,一个可以与他交流并分享当地文化的人。Airbnb 发挥自身平台属性,通过强调社区归属感的价值观和体验式旅行的生活方式，Airbnb 成功地打入市场，培养了用户。

（三）传播内容

在向市场宣传普及自身服务的基础上，Airbnb 在不同社交媒体平台上与不同群体互动，有针对性地传递信息内容，差异化运营，提高传播效率，不断拓展其社会关系、扩大平台的辐射范围。同时，Airbnb 并不满足于找到用户，沉淀用户、提高用户的忠诚度是其可持续发展的保障。所以，Airbnb 需要通过传播将品牌理念传递给目标群体。

以 Airbnb 的 Instagram 官方账号为例，品牌账号的粉丝关注数超过 25 万。结合该渠道以时尚图片为主要传播内容的特性，Airbnb 着重展示风景、食物、居家一角等惬意的图片，来体现品牌的美感和理念。值得一提的是，Airbnb 在 Instagram 上发布的多数照片来自该渠道上的其他用户，而非 Airbnb 原创。这些用户有些是 Airbnb 的粉丝，有些还不是，但 Airbnb 与用户共创内容的特色反响很好，图片的平均点赞数可达万次。

相比之下，Airbnb 在 Pinterest 上呈现的则更像是艺术杂志或精美画册。Pinterest 堪称图片版的 Twitter，用户可以将自己喜欢的图片钉在同一页面（Pin Board）上比对，很适合于选择家装、家具素材。Airbnb 正是利用了该渠道的特点，按照主题分类图片，着重展示其房东们的房屋具有各种不同的装饰风格，以及 Airbnb 对家装品质、品味的追求。同时，每一张房屋的图片可以直接链接至官网以供预订，极大地提高了路人到用户的转化率。

2014 年 11 月，为庆祝柏林墙被推倒 25 周年，Airbnb 在 YouTube 上推出了一支名为"Wall and Chain"的广告片。短片用动画风格，以真实 Airbnb 用户的经历为素材，讲述了一个有关归属感的故事。该视频在 YouTube 上的播放量达到了惊人的 579 万次。这条视频看似与租房服务不太相关，但恰恰传递的是 Airbnb 最在意、最核心的精神——归属感。Airbnb 希望每一间房屋都能成为其用户远方的家，也希望这种家的感觉可以聚拢在旅途上的陌生人。不少社会组织利用 Airbnb 投放视频广告，介绍具体的产品或服务，但 YouTube 的固定用户群体通常不会为了观看广告而使用该渠道，他们更喜欢故事性、艺术性、原创性强的短片。Airbnb 敏锐地捕捉到 YouTube 用户群体的特征，用最易被接受的讲述方式传递了自身的价值理念。

Airbnb 的社交媒体布局全面且目的清晰，做到了全方位应用、差异化运营。Airbnb 在不同的社交媒体平台上展示 Airbnb 的不同"侧面"，以抓住不同用户的注意力。各个平台之间的内容既有重合，也有各自不同的内容风格。有的贴合当下的社交媒体环境，提供各种生活场景的搭配方案；有的以展示目的为主，分享品牌的美感和优质内容；有的能引导用户跳转至预订渠道，将社交与推广巧妙结合，有效提高流量转化,这也是 Airbnb 运用社交媒体带来的转化要远远高于同类网站的原因。当下,人们越来越青睐在社交媒体上搜寻、分享生活中有趣的细节,Airbnb 的社交传播可以说是应运而生、顺势而为。

(四) 传播效果

各个社交媒体平台具有不同的传播形态,所以拥有不同类型的用户。如果只是广撒网,在不同渠道上发布同样的内容,这样目标不明确的传播是低效率甚至无意义的。Airbnb 针对不同社交媒体平台的特点、用户需求,分别创造传播内容,让目标群体觉得别出心裁的同时,也能切实接触到不同群体,做到有的放矢。同时,Airbnb 始终能保持着开放的心态,明白传播的内容不仅仅构建于品牌本身,更重要的是用户的乐于参与和主动分享,两者的共建才可以完成品牌从内容到理念的不断丰富。Airbnb 从挖掘并讲述旅行者和房东的故事,到借助社交媒体传递,并与用户共同创造品牌理念,和用户一起创造在社交媒体上传播的内容,Airbnb 不仅仅出租房间,更是用互动来深层次维护与用户之间的关系,并建立了一个属于旅行爱好者的全球化社区,提高用户的归属感,巩固自身已经形成的市场地位。

第二节　话题传播

一、话题传播的定义

话题,指谈话的题目或者谈论的主题,是谈话的中心,也是对日常生活中人们关注和讨论的各种事件的概括。话题不同于主题,主题的含义较话题更为广泛,涵盖多个类似的具体事件或者根本不涉及任何具体事件。例如:"世界杯"是一个主题,而"C 罗上演帽子戏法"则是一个话题。

话题传播,顾名思义,是借着话题进行传播。互联网给话题传播提供了最佳的成长环境,人们可以在各个社交媒体平台通过发帖、回帖等方式,参与、制造话题并自发传播,进行推广。每一天都有新话题出现,但不是所有的话题都有生命力和传播力。如何利用话题取得更好的传播效果,如何利用话题吸引目标群体的注意,是社会组织开展话题传播活动时面临的挑战。

二、话题传播的起源

作为一项人人皆可参与的社会活动,话题传播已普遍存在于人们的日常生活,以至于不太可能追溯它的起源。但是,在新媒体技术的影响下,话题传播成了一种创新的传播手段,尤其是在社交媒体平台上。

话题传播是在 Twitter 上有了固定的格式与形态并正式成为一种传播模式的。

除了上一节所介绍的限制推文字符的特点，Twitter 另外一个著名的特征就是它的"♯"字标签，也称为话题标签（Hashtag）。短短十余年间，"♯"字标签掀起的热潮在现代文化传播中已经产生了很大影响力。"♯"字标签是推特用户的原创发明，2007年8月首次使用，组合方式为加上关键词，用来标注传播内容里面的重点信息和话题，这样不仅能让用户主动将信息归类索引，还可以组织话题讨论，组织 Twitter 人群。2009 年 7 月 Twitter 为推文里出现的所有"♯"字标签都加上了超链接。如果用户直接搜索"♯"字标签里的词语，就可以得到所有被加上标签的推文。2010 年，Twitter 在其首页推出"热门话题"的板块，很快就成了许多话题事件、病毒传播的发源地。现在，"♯"字标签普遍存在于西方社交媒体平台，包括 Instagram、Tumblr、Google＋。

标签本身可以对传播内容进行概括总结并增强画面感，创作能产生反响的"♯"字标签可以为一个社会组织在社交网络上的形象加分不少。除了代表一种态度、一类形象，在 Twitter，社区的集会是通过使用"♯"字标签实现的。只需要点击标签，人们就能够看到其他人对这一话题发表的最新评论，因此很容易找到在讨论同一事件的其他人或者群体，有助于围绕共同话题、内容创建社区。现在，这样的应用不仅适用于 Twitter，几乎各大流行的社交媒体平台都做了相应的设置，保证用户可以自由、实时地开展话题传播。

三、作为社会组织传播手段的话题传播

话题传播的成功与否可以通过传播范围的广度、传播时间的长度以及对社会产生改变的深度来衡量。其中，对社会产生改变的深度包括公众对该话题的认知变化、话题内容引发的行为变化。当然，对社会组织而言，话题传播所带来的营收增长也是有效话题传播的成果。

社会组织的话题选择与制造将直接影响话题的生命力，因而，社会组织在开展话题传播时，需注意以下事项：

（1）挑选话题时要与当前社会热点关注密切结合，受众会更多关注他们在意的话题，或是周围人都在关心的事情。

（2）在话题内容设计上紧贴社会组织的传播目标，明确话题传播活动的根本目的。

（3）话题设计应留有一定的互动空间，能够吸引人们参与讨论，激发评论。此外，在互动的基础上，要思考该话题内容可以为受众创作哪些额外价值，让受众能从参与话题传播中有一些收获，这可以是科普知识，也可以是生活方式。

（4）开展媒体间联动。虽然大部分话题传播是通过社交媒体平台来开展的，但传播活动需要不同的媒体间相互联系，做到同时对同一话题跟进，尤其是传统媒体和新媒体之间的联动传播、网络媒体和移动媒体之间的传播。媒体联动下的话题传播能让受众有更多的机会接触到与话题相关的信息，也更容易形成"这是一个大家

都在讨论的热点"的感觉。

四、案例分析

（一）背景摘要

作为宝洁旗下众多知名品牌之一的护舒宝，是全球最大的卫生巾品牌。1983年正式进入市场，短短两年后，即成为妇女产品的世界领导品牌。现在，护舒宝卫生巾在60多个国家生产，营销世界140多个国家和地区。[①]

在美国，护舒宝的产品名称是Always，目标消费者是青春期的女性。为了更深入地了解该群体，同时也作为品牌传播的一部分，Always对来自美国和英国的3 000多名年轻女性进行了一次"青春期自信心理状况"的社会调查。在英国，88％的被调查者在面对"女孩应该是……"的标签时很有压力，72％的女性表明她们对社会的期望与要求感到退缩，60％的受访者认为社会标签给她们的生活带来了消极影响，53％在青春期后缺乏信心去尝试她们想做的事。宝洁全球关爱女性事业部副总裁Fama Francisco在接受采访时说道："你们或许以为女生们都坚信她们所面临的社会环境会越来越包容开放。但是事实上我们发现，一半的女生们认为，这样的情况在未来十年之内并不会有什么不同，甚至她们将受到更多的限制。"[②]

Always的调查结果显示，绝大多数青春期女性的自信心是很弱的。青春期是女性自我认知重塑的过程，也是经历自信危机的阶段。而英语中的"Like a girl"（"像女孩一样"）是一句常见的带有性别歧视的嘲讽，比方说，"你怎么像女孩一样走路""你的力气像女孩一样"，暗示着女性的弱势。不过，不同年龄段的人因为社会化程度不同，他们对"像女孩一样"这句话会有不同的理解和体会。Always以"Like a girl"命名这次话题传播活动，希望可以为女性正言，真正唤起女性的自信心。

（二）传播内容

Always邀请了两组人群，第一组是成年以及青春期的男性和女性，第二组是低龄的小女孩。Always通过拍摄分别记录了这两组成员是如何理解"像女孩一样跑步""像女孩一样打架""像女孩一样跳舞"等问题，并把自己的观点通过肢体行动演绎出来。第一组中，青春期少女和成年人在表现得"像女孩一样"时举动都扭捏羞涩，甚至是一种负面的、带有侮辱性的举动，但他们完全是下意识地演示，丝毫未察觉有何不妥。当同样的要求和问题交给第二组时，低龄小女孩则大胆展示自己，非常自信，毫不掩饰自己的行为，完全不在意是否符合社会定义的"女孩形象"或是"像女孩一样"。

[①]　时骅：《宝洁营销攻略》，南方日报出版社2005年版，第220页。
[②]　谷虹、王静：《智慧的品牌：数字营销传播金奖案例(2016)》，电子工业出版社2017版，第188页。

（三）传播方式

录制完成后，Always 在互联网上发布了"♯Like A Girl"话题，在 Twitter 等社交媒体平台上引发了热烈的讨论，许多用户自发创作了大量相关内容。此外，"Like A Girl"的第一波推广是在线上以话题传播的方式进行，反响强烈，覆盖面广。因此，Always 组织了"Like A Girl"第二场话题传播活动，并在其中增加了许多线下活动，例如开办女性关爱讲座等，同样受到了热烈欢迎。

（四）传播效果

"♯Like A Girl"话题传播活动通过病毒式视频引发广泛参与和讨论，鼓励女性正视自己的性别，勇敢做自己。在该视频展示流转的两个月内，点击量在全球范围内超过 7 600 万次，参与讨论量与曝光量达 45.8 亿次，多家电视台与报纸对此次活动进行了报道。

性别平等是当下的社会热点，Always 以此为核心创建话题让受众自愿自发地进行传播，持续推广该话题活动。该话题清晰明确，贯穿活动始终，在进行社会调查阶段就体现出 Always 对目标群体的关注。此外，这样的话题讨论不仅是与青春期的女生对话，还激发了女性、母亲、父亲等整个社会群体的共鸣，超越了文化的边界。无论是问题设计，还是拍摄录制，对待性别问题没有泛泛而谈，或者一概而论，可以看出 Always 的诚意和深度思考。实验的性质让信息更加真实，丰富了传播内容，使品牌更加贴近受众。特别值得借鉴的是，作为一种传播手段，话题传播发迹于社交媒体平台，但不代表它只存在于线上。为了保证话题的生命力，形成持续的传播效果，Always 没有选择单一的传播方式，开展了讲座等线下活动，增加了品牌与目标群体互动的机会。

与此同时，关爱女性的话题活动与 Always 品牌关联度很强，十分贴合自己的产品形象。"♯Like A Girl"话题传播活动让 Always 以合理的方式曝光，自上而下地提升了品牌的知名度与美誉度，将品牌理念与商业目的有机结合。有评论指出，这次话题传播活动与 Always 卫生巾产品的关系不大，并没有展示产品信息的部分。虽然话题得到了社会广泛关注与认可，但从销售经营的角度，该主题活动缺乏与特定产品信息的联系。从商业价值的角度评判，这样的评论有一定道理。但是，作为一个以感性诉求为主导的话题传播活动，过分苛求产品特性的融合会削弱其传播效果。社会组织在策划话题传播活动时一定要明确活动目标，是吸引公众的注意力、增加品牌的曝光度，还是提高产品的销售额，这些目标看似不矛盾，但在执行时会出现兴趣冲突，导致传播不力。

第三节　病毒传播

病毒传播的提法最先起源于美国，"梅特卡夫定律"可以很好地解释这一传播模式。该定律是以太网的发明人之一、电机工程师罗伯特·梅特卡夫提出的，他认为网络的价值同网络用户数量的平方成正比。也就是说，网络的规模越大，其传播性就越强，好比传染性病毒，可以不断完成自主传播、二次传播。

可以拿电话的应用来理解病毒传播这个概念，如果其他人都没有电话，一个单独的电话没有存在的意义，如果有两部电话，那么至少一次通话是可以完成的。当电话的数量增长到几十、几百、几千甚至几百万部的时候，电话的价值就成倍提高了。病毒传播主要以新媒体为载体，不只是因为如今互联网和社交媒体的大规模普及，更是这些传播媒介自身所具有的和电话相同的"传染性"。如果 Facebook 有几千名用户，病毒只能在这个范围内传播。如果有 5 亿名用户呢？如果超过一半的美国成年人都用 Facebook 呢？这就好比 0.000 01% 的传染性和 50% 的传染性的区别——后者的传播速度和范围要大大超过前者。个人也是如此。他们的关系网越大（Facebook 朋友、Twitter 追随者、电子邮件联系人），他们传播信息的力量就越大。因此，最初的感染基点越大，最终"被传染"的圈子就越大。

一、病毒传播内容

（一）创作目标

病毒传播中的病毒指的是信息内容。即使在网络时代，新媒体技术不断革新，内容仍然为王。近几年来，各类社会组织期望达到病毒传播的效果而用心构思创意，不过很容易将内容设计与病毒传播的真正目标混为一谈。社交传播是社交关系的拓展，话题传播是具体事件的延伸。要理解病毒传播，首先需要明白为什么人们愿意参与传播并非自己创作的内容。

人们会阅读那些可以激发他们思考的信息，但当目标从信息被阅读升级到被传播时，对内容的要求就发生了变化。对个体而言，从信息接收到传播是一个人行为从被动到主动的过程，至关重要的是，对内容的认同使信息被转化、内化为个体的一部分。只有当个体觉得信息可以代表自己、值得以自己的名誉做担保时，才会主动进行传播。因此，无论形式多么新颖，只有触动人心的内容才可以推动病毒传播，这也是为什么幽默有趣的信息、能够产生共鸣触发情感的信息更有可能被传播。社会组织策划传播方案时，需要有意识地结合受众个体的兴趣偏好、传播习惯。"打动他们！"是病毒传播的最高评判标准。

（二）创造价值

社交媒体的发展将传播带入新的生态，从单向的大众传播到双向的互动交流，个体不再是被动接受的客体，而成了传播的主体，"受众"逐渐成为"用户"，也由此开始建立起新的传播关系网络和传播模式。当社会组织面对目前群体开展传播时，需考虑当下用户的多重身份。人们在传播信息的同时也是社交的过程，加入讨论、发布观点等，所以希望实现病毒传播要预留好个体自主传播时的社交空间，提高信息内容的传播价值。

2014 年 3 月 2 日，第 86 届奥斯卡金像奖颁奖典礼在美国洛杉矶举行。颁奖礼主持人艾伦·德杰尼勒斯在典礼过程拿出了一部白色三星 Galaxy Note3 手机，邀请梅丽尔·斯特里普、詹妮弗·劳伦斯、茱莉亚·罗伯茨、凯文·史派西、布拉德·皮特、安吉丽娜·朱莉等一众好莱坞明星一起自拍。其中一张由布拉德利·库珀拍下并被艾伦上传至 Twitter。这张照片在 1 分钟内就有 21.9 万人次转发，转发量当天就破世界纪录，同年 12 月 3 日，美国《时代》杂志评选出十大"自拍"，"艾伦的奥斯卡自拍"位居榜首，届时共有 336.9 万条转发，成为历史上转发量最高的推文。

这一张聚集 12 位好莱坞明星的自拍照快速引爆网络，成为病毒传播，其传播内容可谓是"星光璀璨"，聚集了世界著名的影星，可传播方式却"平易近人"，自拍不仅在生活里常见，更是许多人的爱好。这样的反差结合引发了人们的热烈讨论，引起了人们参与的兴趣。很快在各个社交媒体平台上就出现了大量粉丝模仿"艾伦的奥斯卡自拍"的照片，还有根据原图 PS 的搞笑图片。这张照片的影响力和传播力已经超过当年的奥斯卡颁奖典礼。

尽管艾伦的推文中没有提到三星手机，但"照片是用三星手机拍摄"的事实通过电视直播得到了广泛宣传。推文获得如此高的转发量，无形中提高了三星的曝光率和关注度。追踪社交媒体网站内容的研究公司 Kontera 的数据显示，在社交媒体上，三星在 1 分钟的时间内被提到约 900 次。对三星来说，这是一次很成功的广告植入。无论是趣味性还是参与感，艾伦的自拍照都超出了大众对于广告的预期，比三星专门拍摄的广告更加自然、更有吸引力，所以人们在主动传播时并不会联想到传统的广告行为，因而形成了良性的二次传播循环。

其实，三星与直播颁奖典礼的美国广播公司（ABC）达成了赞助和广告协议。作为协议的一部分，三星可以让 Galaxy 智能手机植入此次颁奖典礼中。在奥斯卡颁奖礼这样高规格的平台上做植入广告，三星并没有一味强调高端、品质，而是通过看似随意但紧抓人心的行为，提高了品牌的曝光率，更提升了三星在人们心中的形象。

病毒传播的传播方式是弥漫式、渗透式的，对象是多样、广泛的，因此传播议题也更多元化、复杂化。对于社会组织来说，能够引起病毒式传播的，不仅需要表现形式多样化,信息内容也要有很强的生命力。与此同时,病毒传播的模式强化了传播对象的参与,其优势在于引导传播对象与传播主体实时互动,信息不断传递,及时生成反馈,这样可以帮助传播社会组织更快地、更完善地达成传播目标。

二、病毒传播机制

客观事实、情感体验会影响人们的形象认知建构,但人们的观点在一定程度上会受外界影响,甚至是建立在周围人的看法的基础之上的。如果你的朋友或同学相信某件事,你就更有可能相信,或至少会多给一些关注。有些时候,同辈压力所产生的力量是惊人的。

著名的"线段实验"是心理学家所罗门·阿希(Solomon E. Asch)为了研究群体从众行为和群体压力影响而设计的。他向参与实验的人们提出了一些非常简单的问题,其中包括图中右图的哪条线,A、B还是C,与左图中的线一样长。当人们单独回答问题时,绝大部分人,超过97％的答题者选择了正确答案"C"。不过当阿希让他们组成一个小组时,情况就发生了改变。在这个小组中,有些是普通的参与者,也就是实验对象,有些是阿希事先安排的助手,而这些助手的任务就是故意给出错误的答案,并且他们要装作底气十足,抢在实验对象之前回答问题。实验对象对此一无所知。在这样的两轮试验中,给出错误答案的被试者所占的比例从3％分别上升到35％、75％。

病毒传播过程中,内容被不断分享,但这个过程不只是提供信息,过程本身还会产生影响力。社会组织在进行形象的树立与传播时,需要考虑到从众行为的因素,尤其是社交媒体更加凸显了同辈压力的作用。

在社交媒体平台上,同辈的意见位于前沿和中心位置,备受关注,社会组织可以利用同辈压力制作具有较强传播力的信息。以Facebook为例,它能够以一种集中、专注和有效的方式传递同辈压力。比方说,登录到Facebook上的粉丝页面,当搜索"星巴克"页面时,会列出你的朋友当中有哪些人喜欢它,甚至把他们的头像显示在粉丝列表的最上面。考虑到星巴克无处不在,或许人们对它已经有了自己的判断。不过,那些不太知名的品牌或新产品呢? 如果是一家你从来没有去过的餐厅。如果你看到它的广告,可能会被吸引,但你也知道那是一则广告,餐厅为它花了钱。因此,你很可能对广告中的信息持怀疑态度。不过,如果你的20个、30个、50个或100个朋友都喜欢它的话,就会传达一个强有力的信息。喜欢它的朋友越多,你越有可能相信它是一个特别的地方。病毒传播的力量使不知名的组织或品牌获得信任,从而其信息内容的传播力变得更加强大。

三、病毒传播者

(一) 谁是传播者

相比在传统媒体时代,社会组织需要媒体机构帮助传播,在新媒体技术的影响下，个体传播信息的能力大大提高了。随着网络发展出越来越多的互联网用户，又随着这些用户在互联网中发展出更多的联系，个人作为传播者的价值呈指数级增长。在新媒体时代，传播者是那些帮助传播主体实现传播目标的个人，而专业媒体机构和社会组织自身不能被看作传播者。赛斯·高汀在他的《紫牛》一书中提到了"打喷嚏的人"这个概念，他认为传播病毒信息就好似打喷嚏，与实际打喷嚏的人传播病毒一样，传播者通过交谈、电子邮件、电话等方式传播信息、想法，所以"打喷嚏"的传播者是开展病毒传播的关键。[①] 传播者自主传播、二次传播社会组织传递给他们的信息，是有效病毒传播的核心人物。无论传播内容是一个理念还是产品或服务，只要社会组织能够向传播者提供足够、合适的信息，确保信息内容能够吸引到传播者，使他们把信息传播给更多的受众。

约翰·赫林科是《社交媒体营销》的作者，他分享了一次与客户合作开展养老金相关的营销活动经历。这位客户确信 50 岁左右的男士是他们最佳的目标群体，因为从常理上判断，这些人很快就到了可以从养老金项目中获得回报的年龄，所以最有可能购买，也最关心这些项目的偿付能力。然而，活动结果证明，对这一则信息回应最多、二次传播最频繁的是 20 岁左右的女性。在美国，妇女更有可能因为生育和抚养孩子而中断工作，她们更需要为今后的生活作长远打算。由于定位失误，对该营销活动反响最为强烈并且最热衷于传播这条信息的传播者起初并没有受到关注。

从传播活动的本质上讲，任何信息的传播者都是人。特别是当下，大多数人都能够通过互联网传播信息。不过，这并不代表每一个互联网用户或者社交媒体用户都是传播者。无论线上还是线下，传播者活跃于固定的群体，群体里聚集的可能是家人、同事，也可以是有着相同兴趣爱好的人们，关注共同的话题。传播者在群体中扮演的角色有别于其他成员，他们会更主动地接收有意向了解的信息并积极在群体中分享，在交流时甚至会激发成员将信息传播至其他群体，所以他们的传播具有一定的传播效力。寻找合适的传播者并有效地与之互动是社会组织能实现病毒传播的关键，因此在策划一次传播活动时，传播主体要精准定位到传播者，深入了解他们的诉求，做到有的放矢。

（二）如何找到传播者

那么，社会组织如何才能找到、找准自己的传播者呢？

美国卡车行业的技术和生产越来越成熟甚至趋向饱和，产品在功能和外观上的区别不大。同时，卡车品牌很少在媒体上做广告，主要原因是目标客户群体为货运司机，他们属于对大众传播媒介参与度比较低的一群人。所以，卡车行业的传播比较难有突破，格外需要利用独特的手法突出产品的优点、吸引目标群体的注意。

2014 年，沃尔沃对自家品牌的卡车性能进行了一组实验测试，并拍摄成系列短

---

① 约翰·赫林科：《社交媒体营销：信息有效传播的方法和案例》，电子工业出版社 2013 年版，第 8 页。

片,用于展现其产品无论在怎样危险、特殊的情况下都能表现完美的特点。其中,"史诗般的分腿"("The Epic Split")的反响最大。

　　视频以尚格云顿的半身特写开始,并同步配有他的画外音:"我的人生有起有落,一路走来遭遇的颠簸与劲风也没少过,也就是这些,造就了今天站在你面前的我,一个千锤百炼、接近完美的身体。"随着镜头拉远,画面中显示出尚格云顿的全身与两辆沃尔沃卡车,他的两只脚分别站在一辆卡车的后视镜上,"你所看到的是由一个完美的车身构造的一双无视物理定律的脚,以及由平和的心态才能够完成的史诗般的分腿"。随后,两车慢慢分开,露出了地上的白线,同时,尚格云顿的双腿也慢慢被张开至"一字马"的状态。最后,镜头向右移动,尚格云顿的动作保持得非常稳定,卡车背后散发着朝阳的光芒,画面随之弹入文案:"这项测试是为了展现沃尔沃动态转向辅助系统的稳定性与精确性而设计的。"[①]

图2　尚格云顿在两辆沃尔沃卡车上表演史诗般的分腿

　　这个一镜到底的视频在 YouTube 上发布后获得了约为 8 000 万次的点击量。沃尔沃还将短片转发至其 Facebook 主页,立刻引起病毒传播,许多电视、报刊媒体争相报道。在中国,优酷、腾讯视频等各大视频平台均有转载该视频。全球很多受众纷纷模仿尚格云顿的特技动作,并发布到视频和社交网站,进行二次创作和传播,而其中很多参与者是向来在媒体中较为低调的货运司机。有意思的是,他们不仅模仿动作,还在视频中讲解沃尔沃卡车的机械构造、技术性能。

　　在人们的印象中,与技术、工业相关的内容多少有些晦涩难懂,一些专有名词用最平白的语言可能也很难向大众解释清楚。而对于货运司机这个群体来说,他们的传播环境相对封闭,要将信息传递给他们则需要大面积的媒体曝光和高度渗透。通过展现尚格云顿能在两辆卡车上完成特技动作,特别是当卡车分开、倒车时也能保持平衡与稳定,沃尔沃将产品的核心特征糅合进短片中,用最直观、最通俗易懂的方

---

　　① 谷虹、王静:《智慧的品牌:数字营销传播金奖案例(2015)》,电子工业出版社 2016 版,第 229 页。

式陈述了其卡车的独特之处。没有使用传统的钢筋铁骨来表现其产品形象反而让沃尔沃吸引了大量非专业的、不懂技术的受众，这一波受众的强烈反响使得目标群体得以接收到信息。货运司机随之"反哺"传播内容，参与到性能介绍、卡车技术知识的科普中，将沃尔沃推介给真正的消费者。卡车行业内竞争激烈、技术和产品均较饱和，如果不找到合适的传播者，信息无法有效传递，资源只能浪费。沃尔沃的传播目标清晰，找准货运司机为目标传播者，同时扩大受众范围，确保传播者的传播环境的开放与畅通。

四、案例分析

（一）背景摘要

肌萎缩侧索硬化症（Amyotrophic Lateral Sclerosis，简称 ALS）有一个更被人们熟知的名字，渐冻症。罹患此病后，患者的肌肉慢慢弱化萎缩，渐渐丧失对身体的控制，进而会无法说话、吞咽乃至呼吸。在症状初次发生的 3 到 5 年里，大多数渐冻症患者都会死于呼吸困难，仅仅只有 10% 左右的患者能存活十年以上。美国国家神经疾病和中风研究所指出，渐冻症首次于 1824 年被记录，在之后的将近两百年时间里，研究者依然没有发现病因及有效治疗方法，而美国 ALS 协会（The ALS Association）表示，由于社会对渐冻症的关注较少，大部分人都没有听说过这种疾病，相关研究得不到足够的重视和投入支持，研究及临床实践始终没有突破，因此造成严重的恶性循环。直到 2014 年，情况才发生了根本性的改变。

据华尔街时报的记录，2013 年年中至 2014 年年初，"冷水挑战"（Cold Water Challenge）在美国消防员、高尔夫球员等几个职业群体中传播开来。参与活动的人发布一段视频，指名接受挑战的人，受挑战者可以选择跳入凉水中或者向慈善机构捐赠善款。活动规则并没有指定慈善机构，如果选择后者，受挑战者可以自由选择意向机构。

2014 年 6 月 15 日，著名高尔夫运动员格雷格·诺曼（Greg Norman）在 NBC 的王牌早间新闻节目《今日》（Today）上向主持人马特·劳尔（Matt Lauer）提出了"冰桶挑战"（Ice Bucket Challenge），通过电视，这项活动被推介给美国公众。不过，至此"冰桶挑战"仍然没有与渐冻症产生直接关联。

真正让"冰桶挑战"在社交媒体平台上进行病毒传播的是患有渐冻症的前波士顿学院棒球选手皮特·弗拉特斯（Pete Frates）。2014 年 7 月 31 日，皮特·弗拉特斯参与了"冰桶挑战"并在 Twitter 上发文，号召人们通过这项活动为渐冻症研究组织募捐，让该活动首次与渐冻症联系在了一起。随后，"冰桶挑战"的视频点击量、转发量在 Twitter、Facebook、YouTube 上开始了爆发式的增长，活动迅速传播开来，渐冻症正式走进了社会主流的视野。

（二）传播方式

"冰桶挑战赛"(Ice Bucket Challenge)活动要求参与者在网络上发布自己被冰水浇遍全身的视频,并向美国 ALS 协会捐赠至少 10 美金的善款,之后该参与者可以点名邀请至少 3 人来参与这一活动。被邀请者要么在 24 小时内接受挑战,要么就选择向渐冻症相关社会组织捐出 100 美元,这些机构除了美国 ALS 协会,还包括美国 ALS 治疗发展研究所(ALS Therapy Development Institute)等。

"冰桶挑战"活动设置简单,没有复杂的流程。挑战本身以及视频上传都可以控制在很短的时间内,从操作角度来说,可行度很高。规则设计确保了传播内容紧扣传播主题,但又保证了个性化创作的空间——虽然都是从头上浇一桶冰水,但参与者选择的方式、地点都不尽相同,不是重复模仿其他人。而且,规则的存在更强调了活动的游戏属性,把原本比较死板的慈善活动变成了一场互动性极强的游戏,容易引起公众的兴趣和参与的热情。规则的巧妙设计、裂变的传播方式让"冰桶挑战"短时间内在全球刮起了一股热潮,成为现象级社交媒体传播。

前文中提到的皮特·弗拉特斯,他希望能为美国 ALS 治疗发展研究所募集研究资金,所以选择在 Twitter 上传播"冰桶挑战"活动。虽然活动不是由他最先发起,但其传播渠道的选择极大地帮助了活动的推广,他参与挑战的初衷也得以实现。

在"冰桶挑战"的传播初期,活动是由皮特·弗拉特斯等名人、热心民众与患者共同组织开展的,但作为活动善款的主要接收方,为了保证活动的实效,美国 ALS

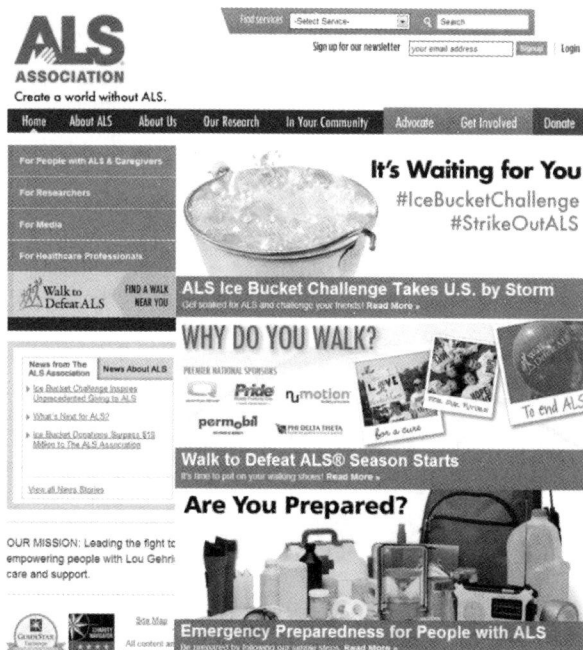

图 3　美国 ALS 协会官网首页

协会很快就介入活动的引导与组织工作中。类似"冰桶挑战"的传播活动，趣味性和传播力都很强，随着社会关注度的提高，活动组织者需更加注重活动的本质，避免娱乐化、商业化的倾向。社会组织的传播往往需要兼顾影响的深度和广度，达到关注度质量与数量的双赢：在拓展传播面的同时，传播内容需要被有效接受。除了相对简单地运用社交媒体转发、评论传播议题，社会组织有计划地引导公众参与传播内容的创作，让他们成为传播主体，可以激发公众持续传播的积极性。

（三）传播效果

从 2014 年 7 月 29 日到 8 月 13 日的两周内，"冰桶挑战"在 Twitter 上被提到 220 万次。同年 7 月 15 日，Twitter 上关于渐冻症的内容还只有零星的一百多条，但一个月后这个数字飙升了三百多倍。最高峰时，该项活动每天可以在 Twitter 上产生 7 万多条的话题推文，例如"♯Ice Bucket Challenge""♯ALS Ice Bucket Challenge"与"♯Strike Out ALS"等。

和 Twitter 的火爆场景相似，仅在开始传播的半个月内，Facebook 上关于"冰桶挑战"的相关内容就超过了 1 500 万条，其中有 900 万条是在一周内发出的。《纽约时报》统计，在 2014 年 6 月 1 日至 8 月 13 日期间，有 120 多万条主题视频在 Facebook 上分享传播。并且，"冰桶挑战"的辐射范围并不局限于美国国内，有关"冰桶挑战"的网频覆盖了 159 个国家的 4.4 亿人，100 亿次播放，远远超过超级碗和奥斯卡颁奖典礼两者合起来的观看人数。

美国 ALS 协会号召社会各界人士应邀参加"冰桶挑战"，随着马克·扎克伯格、比尔·盖茨、贾斯丁·比伯等名人明星的积极参与，这次活动的传播被推向一个个高潮。美国前总统乔治·布什在完成了挑战之后则指名比尔·克林顿完成，总统奥巴马虽未应战，但选择捐款 100 美金。英国卫报甚至评选出了十佳"冰桶挑战"名人（The Guardian's "10 More of the Best Celebrity Takes on the Ice Bucket Challenge"）。社会各界有影响力的人士参与让"冰桶挑战"从各种社交媒体活动中脱颖而出，"名人效应"起到了很好的传播效果。

2014 年 8 月 18 日，"冰桶挑战"蔓延至中国的互联网界。小米董事长雷军在 8 月 18 日下午通过微博表示，已经接受 DST 老板 Yuri 对他的挑战，并于当天完成了"冰桶挑战"。一加手机创始人刘作虎率先完成冰桶挑战，并点名奇虎 360 CEO 周鸿祎、锤子科技 CEO 罗永浩、华为荣耀业务部总裁刘江峰参与该挑战。虽然国内实际参与挑战的公众人数不及美国群众，但是中国不少社会名人被点名，并以微博为主要平台完成了挑战和分享了活动，引导了公众去关注渐冻症患者、帮助渐冻症患者群体。

图 4　国内"冰桶挑战"以微博为主要平台传播

从最后完成的筹集资金任务来看,"冰桶挑战"由于病毒传播所带来的影响,让此次筹款活动成了一次媒介事件,受到了全球用户的关注。美国 ALS 协会表示,从 2014 年 7 月 29 日开始,到 8 月 26 日为止的四个星期内,该活动已经为协会筹得超过 8 850 万美元的捐款。2013 年同时期的捐款则只有 260 万美元,相差超过 33 倍。截至 8 月 29 日,仅在美国就有 170 万人参与挑战,250 万人捐款,仅美国 ALS 协会收到的善款就达 1.15 亿美元,是历史上最大的一次医疗基金募集活动。从 2014 年 8 月到 2015 年 7 月,美国 ALS 协会已经将 7 150 万美元投入到相关项目的研究中。同时,美国 ALS 协会在官网上持续更新募集资金的使用情况以及渐冻症的最新研究成果。

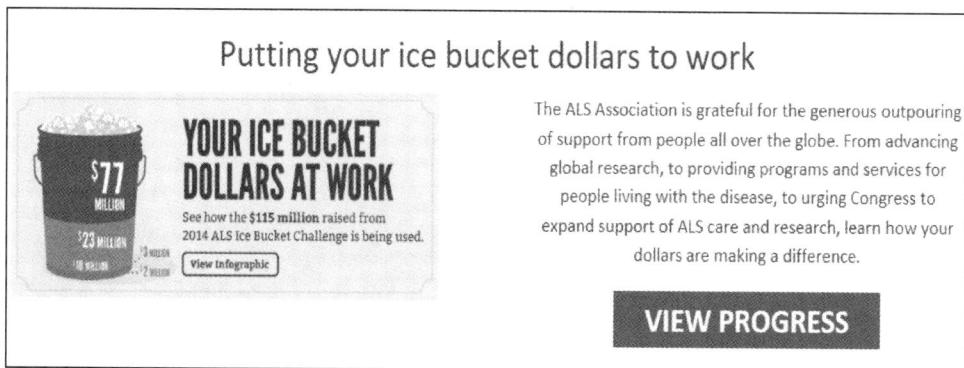

图 5　在美国 ALS 协会官网上可以追踪善款的使用进度和去向

从传播的效果来看,美国 ALS 协会更注重"冰桶挑战"的"涟漪效应",注重后期活动的支持与跟进,注重同用户关系的长期维护,避免此次病毒传播活动只是"昙花一现"。2015年8月1日,以美国ALS协会为首的美国3家渐冻症机构联合组织,宣布将"冰桶挑战"设为一年一度的传播活动,他们的口号是"这个八月,每一个八月,直至找到治疗方案"("This August, and every August, until there's a cure.")。①从此,每年八月,人们依然会在社交媒体平台上参与"冰桶挑战"并向这些机构捐赠善款。更重要的是,美国ALS协会以"冰桶挑战"为契机,不断充实活动的后续工作。在其官网上,协会向公众介绍在"冰桶挑战"之后还有哪些行动可以帮助渐冻症患者群体、寻找渐冻症治疗方案,持续发挥病毒传播带来的积极作用。

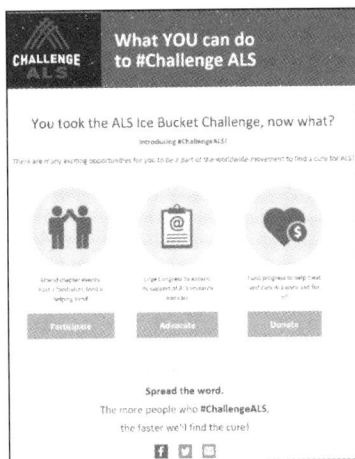

图6　美国ALS协会官网上展示的其他公益行动

---

① "Buffalo Welcomes Return of Ice Bucket Challenge at ALS Walk", *TWC News*, 1 August 2015.

第五章 西方社会组织传播效果考察

本章将重点考察西方社会组织,特别是西方企业,为获得更好的传播效果而展开的努力。根据传播目的、传播受众、传播语境等因素的差别,文中主要从形象传播、品牌传播、营销传播与公共关系传播四个维度入手进行分析,注重从概念区分、作用意义、案例解读等方面展开,全面梳理西方主要社会组织的传播实践与传播效果。

第一节 基于形象传播的效果考察

一、形象的概述

狭义的形象是指设计上,一个品牌呈现出来的视觉效果;广义的形象不仅包含视觉的部分,也是人们感性与理性思考交互作用后的产物,并通过价值评判、意见表达、行动选择等一系列社会行为反映出来。

简而言之,形象是人们在社会生活中对某一个体或群体的印象,社会组织的形象是公众所感知到的关于组织的特征。并且,形象认知一旦形成,就具有一定的稳定性,将成为人们识别和接受该对象及其相关信息的主观参照。

社会组织的形象有动静之分,静态的常指物质的、单向作用的产品形象等,动态的是能动的、双向作用的社会形象等。无论是静态的还是动态的形象都具有引起人们认知兴趣和关注的共性特征。当然,形象对于任何社会组织而言都有好坏之分,公众对于形象的关注也来自两种相对的评价与认知方向。一种是积极的评价、正面的形象认知,另一种是消极的评价、负面的形象认知,两者在社会舆论场都会被放大开来。

社会组织的形象直接决定了其在社会中的影响力。只要有与公众交往的诉求,该组织就需要有相应的形象战略,因为形象是组织赢得公众的必要条件,也是组织发展的重要资源。良好的形象展现与传播能够放大社会组织在公众中的积极影响,获得公众的态度认可、意见赞誉、行动支持,进一步巩固和提升该组织的社会地位,并在注意力稀缺的信息时代获得宝贵的传播资源，更能促进组织发展所需要的各种社会资源要素的集聚，既包括人才、资金、技术等硬资源，也包括交往、传播、信任等软资源，为组织的壮大和发展开拓新的社会空间。

形象传播的主体可以是企业、组织、国家、个人等，传播主体的多样化正是源于形象塑造的巨大价值。形象传播是形象主体通过媒介向受众施加认知影响的过程，同时也是受众根据自身实际需求，对不同社会主体进行认知建构的过程。因此，人们对社会组织的形象认知既有被动接受信息，也有主动获取信息。在这一过程中，社会组织与公众之间存在着互为主体的相互作用，双方都处于能动状态，所以需要从交往互动的角度解析形象传播。特别是在媒介工具已经融入个体生活的现代社会，新媒体的广泛使用使得人的媒介化与媒介个体化已经成为不可逆转的趋势，对于形象传播的研究与实践必须超越以形象传播主体为本的单向传播模式。形象传播历史悠久，在大众传播时代更是取得长足的发展，也有着丰富的理论与实践，涉及如经济学、广告学等学科，交叉如心理学、社会学、传播学等学科。多学科交叉融合的复合视角，可以为探究形象传播的内在规律和实际应用提供理论依据与指导。

（一）心理学

对于个体认知而言，形象评价的形成是一个动态的心理建构过程。个体能动地对形象信息加以吸收、加工、储存和再现，才能转化为自身的认知成果，并通过价值判断做出相应的行为选择。

从个体心理活动的认知建构过程来看，社会组织形象信息的内容表达与传播必须有可感知的具象性，以促使人们形象认知和思维的生成。人们习惯于人格化处理所接受的信息以及所认知的事物，将各种信息感知与自我价值判断不断融合、概括，在头脑中建构起一种或一系列具化的形象。但是，形象认知建构具有总体性和模糊性的特征，具象性不在于对所有形象细节的刻画，而是能够促使形象认知"点"形成"面"。

与此同时，人们会对认知对象的其他方面进行延伸想象，并融入自己特定的情感体验。因此，任何形象认知建构的过程，都不是个体单纯的理性活动，而是加入感性经验的复合性心理活动。特别是当人们对认知对象缺乏深入了解时，感性体验所起的认知作用常常是决定性的，这也是为什么能引起共鸣共情的信息内容传播效果更佳。形象传播活动只有将感性和理性有机结合，才能有效帮助人们建构形象认知。

（二）社会学

作为社会成员，社会组织扮演着特定的社会角色。社会组织的形象塑造与传播实质上是公众对该组织这一特定社会角色的认知、评价、认同的过程。从社会学的视角出发，社会角色不仅是特定对象在社会生活中一种地位的体现，需要通过一整套权利、义务和行为模式等予以体现；而且人们对特定的社会组织也会形成角色期待和行为期待,期望他们在社会生活中承担好相应的责任和义务,并将这种角色期待与现实中的角色表现加以对照。当两者一致时,能够形成对社会组织的角色认同,构建起良好的形象认知;反之,就会造成对组织形象的负面评价。

一个社会组织的形象既是公众对其整体的印象和评价,也是该社会组织组成人员对所在组织的印象和评价。一个社会组织在现实生活中的角色扮演始终处于组织内部与外部双向的对象性的被评价之中。社会组织的形象传播要取得公众良好的认知效果,必须首先取得组织内部成员的高度认可,使每一个成员都能够完成好自身个体的社会角色扮演。

组织成员个体形象与组织形象两者之间是内在统一的,在社会角色扮演上具有共性特征。因此,在关乎组织形象的社会角色塑造上,应当尽可能地将两者的角色表现一致起来,既要在总体上避免角色的异质化,又要防止各自的角色失调。在现代社会媒介融合的传播环境中,任何社会组织及其组成个体的角色冲突、角色模糊、角色中断和角色失败,都会导致社会组织形象的危机事件。把握组织在社会生活中的角色本质与内涵,满足公众的组织角色的期待,是实现组织形象传播理性效果的前提。

(三) 传播学

传播得以成立的一个基本假设,是传受双方拥有共通的符号体系和意义空间。即使是在新媒体影响力愈加凸显的当下,无论是采用什么方式,大众传播都在一个组织的形象传播中起到至关重要的作用,因为它具有受众广泛、传播快捷、传播范围广等特点;大众媒介的种类多,如报纸、广播、电视、网络、电影等;大众传播的社会功能大,如环境监视功能、社会协调功能、文化传承、娱乐功能等。

传播是一个系统,是信息流动"过程的集合体"。大众传媒在社会中充当着的角色:政府通过大众传媒获取决策所需的信息,同时通过大众传媒向公众传递政府运行的相关信息,以争取公众的理解、支持;企业通过大众传媒向消费者、目标群体传递推广信息,以争取公众的关注、参与;非营利组织通过大众传媒发声,宣传自身所代表的理念与价值观。大众传媒并非是影响社会组织的形象的唯一因素,但对形象的建构无疑起着非常重要的作用。

传播是变动着的主客体互动关系。在现代媒介环境下,任何组织和个人都可以发起议题,虽然并非所有议题都能获得有效的传播议程,但便捷高效、互联互通的媒介平台实现了议程来源的多样化和议程本身的增量。从传播功能上看,社会组织是其形象议题的设置者和有效议程的推进者。因此,社会组织需要充分发挥其在传播上的议程功能,通过具体事件,建构公众的形象认知。

二、形象传播的现实挑战

社会环境日新月异,因此社会组织的形象塑造也是一个动态过程。形象传播同时也是形象管理的过程，需要在变化更迭的社会环境中对社会组织的形象加以有效的树立和维护。形象管理没有一个标准的模板，应视具体情况而随机应变。形象树立需要一个较长的过程，但形象解构可以在较短的时间完成，所以形象是"易碎品"，树立形象时需要用心，维护形象时也要细心。

（一）形象认知不匹配

形象传播实质上是一个动态的、相互作用的双重塑造过程，社会组织和公众共同决定着形象的形成。传播过程中常会出现传播形象与认知形象不匹配、有落差的情况。也就是说，社会组织自认为的形象与公众感知到的形象是存在差别的。如何使社会组织自我期望的形象与受众心目中的实际形象相吻合是组织管理者面临的重要挑战。

一方面，一个组织的形象源于自身塑造，即组织自我建构的形象，这是组织形象的现实基础所在；另一方面，组织形象成于公众塑造，即公众认知的组织形象，是组织形象的社会认知所在。因而，组织形象存在着组织自造与公众再造这两个维度。组织形象传播要在这种互动的双重塑造中取得良好的效果，就必须建立科学的形象管理策略和机制。

（二）形象传播不统一

一个社会组织可能设置了多个形象传播的岗位或部门，但组织内部的信息不统一会造成输出的组织形象不一致，当传播的协调性受到限制时，组织的形象便处在了危险境地。英美烟草集团（British American Tobacco）曾花巨资在一家荷兰报纸上发布了一条宣传其优异财务业绩的广告，但这份报纸同一天又在头版刊登了其解雇阿姆斯特丹分公司123名员工的新闻。类似的不一致事件也曾让美国电话电报公司（AT&T）的形象遭到了不小的负面影响。该公司曾大张旗鼓地公布5万人裁员计划，与此同时，又在某财经杂志上宣称其投资者获得了破纪录的收益，随之而来的公愤严重破坏了公司形象。类似的事件体现了组织的传播在内部协调与整合上出现了系统性的失误。

（三）传播手段不新颖

除了要树立符合公众感知的形象，社会组织惯常开展的正面形象传播容易使公众产生审美疲劳和接受疲劳，导致传播效果衰减，对该组织的形象认知提升作用有限。解决这一问题的根本方法在于将社会组织的形象有效嵌入与社会生活息息相关的传播中，从而体现社会组织的价值取向，让公众在潜移默化中接受客观事实所内含的形象认知。

（四）传播效果难测量

形象传播的另一个挑战是难以量化、评估其传播效果。很长一段时间，相比营销传播,形象传播缺少与形象传播相关的翔实数据。形象传播预算不能像营销传播预算那样可以得到明确界定。组织管理者常常不清楚赞助资金被花在了什么地方,而且这些开销所产生的效果也不容易衡量。所以,时下的形象管理已经加入财务、统计等手段,帮助组织管理者直观地看到形象传播的成果,及时调整、优化传播方案。

三、不同类型的形象传播

社会组织通过形象被公众所感知,公众则通过形象来描述、记忆和关联社会组织。社会组织的形象是一面镜子,可以反射出该组织的全貌和身份特征。一个社会组织的整体形象可以看作由在四个领域中所各自树立起来的形象组合而成,分别是雇主形象[①]、产品形象、社会形象、品牌形象。

(一)雇主形象

当社会组织在筹备规划形象传播相关的工作与活动时,主要关注和资源都是集中于受众群体,特别是在格外强调双向交流的互联网时代,受众的需求和兴趣成为社会组织开展形象传播工作时优先考虑的内容。然而,最熟悉一个社会组织并能最先接触到该组织形象的是其员工,他们在形象传播影响的辐射范围内,但常常被传播主体也就是他们的雇主所忽视。雇主形象是以雇主为传播主体、雇员为受众的对内形象传播。是否为雇员提供良好的工作环境、薪酬体系和学习发展等因素是社会考量雇主形象的常规标准,在此不作详细阐述;更为关键的因素是雇员在工作中的感受和经历是否可以与组织的目标、价值一致,从而使组织的形象传播有效贯彻落实。

一个社会组织的形象传播工作必须从其组织内部开始,将所有精力聚焦于需要全员大力支持的一个核心要素上,这个要素可以是组织的理念,可以是产品或服务,同时在组织内部针对这一核心要素本身及其运作进行培训和发展。

虽然是对内传播,但良好的雇主形象可以为一个社会组织创造来自外部的收益。迪士尼是全球传媒行业的巨头,取名自其创始人华特·迪士尼,皮克斯动画工作室(PIXAR Animation Studio)、惊奇漫画公司(Marvel Entertainment Inc)、美国广播公司(ABC)都是其旗下的公司(品牌)。其另一主营业务——主题公园,是世界各地儿童的梦想王国。迪士尼乐园的受欢迎程度不分国界,全球已建成的迪士尼乐园有6座,分别位于美国佛罗里达州和南加州以及日本东京、法国巴黎、中国香港和中国上海。迪士尼可以将经营管理模式成功地复制在不同国家、城市,成为商学、管理学的经典教科书案例,被各类型的社会组织学习借鉴。其中,最常被人们称赞,也是最难效仿和替代的是游客们在乐园中的体验,而这与迪士尼乐园的员工是不能分开的。

---

① 塞斯·B.M.范瑞儿、查尔斯·J.福伯恩:《企业传播原理》,中国社会科学出版社 2015 年版,第 26 页。

从创立迪士尼开始，华特就在公司里灌输一种思想：对游客来说，在这里的每个瞬间都应该是奇妙的、魔幻的。为了确保公司各级员工能按照这个信念和目标投身工作，华特创造了一个近乎狂热的文化氛围。他强调公司的独特性，也强调公司坚持自身价值观的重要性。他热衷于向员工们灌输企业文化，这最终促使他开创了一个非常正式的培训项目，即众所周知的"迪士尼大学"。在迪士尼大学的培训中，每位员工得以充分理解吸收这个观念，并相信自己在园区可以发挥重要作用，创造"魔法"。所以，对于迪士尼的员工来说，公司的形象，也就是雇主形象，始终是清晰、明确、坚定的。此外，员工也在实际工作中将自己融入公司发展的高远目标里[①]。

"迪士尼大学"诞生于1955年，迪士尼乐园也于同年开放。起初，华特雇用了其他公司的安保人员，并将停车场外租。很快，华特就意识到了错误，因为他无法有效地向"外包"公司传达自己的理念。华特希望每个员工都能充分理解迪士尼礼貌待客的基本理念，希望他们能把游客当成自己家里的客人来接待。他说过："我告诉我们的安保管理人员，永远别把自己当成警察，你们在这里是帮助别人的人。"[②]毫无疑问，按照迪士尼公司自有价值观组建并培训一支安保队伍的成本要比直接将此工作外包的价格高得多。但是，游客愉快体验所能创造的回报是惊人的，这也是为什么从1987年至2014年，迪士尼乐园的门票连续27年上涨，但主题公园和度假村的游客人数依然不断创下历史新高。在同一财政年度，公园和度假村的营业利润高达26.6亿美元。[③]

然而，在绝大多数的社会组织里，与外界受众直接打交道的往往是受教育程度较低、缺乏训练、不受重视和薪酬最少的员工。太多的客户服务培训项目只是针对员工怎样对客户微笑、怎样跟客户打招呼，在帮助他们解决问题方面缺少具体的指导。一个社会组织在现实生活中的角色扮演始终处于组织内部与外部的双向评价之中。社会组织的形象传播要取得公众良好的认知效果，必须首先取得组织内部成员的高度认可，使每一个成员都能够完成好自身的社会角色扮演。

（二）产品形象

产品形象是由产品的视觉形象、产品的品质形象和产品的社会形象三方面构成的。产品的视觉形象是人们通过视觉、触觉和味觉等感官可以直接了解到的产品形象，诸如产品外观、色彩、材质等，属于产品形象的初级认知阶段；产品的品质形象是形象的核心层次，是人们通过接触、使用产品，对产品的功能、质量以及相关服务形成的较为一致性的体验；产品的社会形象是产品的视觉形象、产品的品质形象从物

---

① 比尔·卡波达戈利、林恩·杰克逊：《引爆快乐：迪士尼王国的经营魔法》，中国人民大学出版社2017年版，第62页。

② 比尔·卡波达戈利、林恩·杰克逊：《引爆快乐：迪士尼王国的经营魔法》，中国人民大学出版社2017年版，第36页。

③ 比尔·卡波达戈利、林恩·杰克逊：《引爆快乐：迪士尼王国的经营魔法》，中国人民大学出版社2017年版，第3页。

质的层面综合提升为精神层面,是非物质的,是物质形象的外化的结果,是以产品为载体,体现产品背后的精神理念和价值文化。

当然,这里讨论的产品不局限于狭义的、物质的产品。产品代指一个组织任何形式的产出或工作成果,可以是工程,可以是服务,等等。所以,对于没有生产属性的社会组织来说产品形象也是存在的。

微软公司由比尔·盖茨与保罗·艾伦创办于 1975 年,以研发、制造电脑软件服务为主,是个人计算机软件开发的先导,也是全球最大的电脑软件提供商,其最为著名和畅销的产品是 Microsoft Windows 操作系统和 Microsoft Office 系列软件。

2012 年 6 月,微软公司发布了 Surface 系列平板电脑,经过技术改良,在 2015 年10 月推出了 Surface Pro4 系列。微软官方网站介绍道,Surface 的设计将笔记本电脑和平板电脑的特性合二为一,具备笔记本电脑的工作性能,但最终产品只有平板电脑的重量,所以轻巧、便携。在 Surface Pro4 发布之际,微软公司面临着将产品性能等关键信息传递给目标消费者并推动 Surface 系列产品销售的挑战。

几乎所有的电子类产品都要面对"如何翻译产品卖点"的现实问题,即如何把有关产品的专业术语、技术特性、抽象表达"翻译"成大众能理解接受甚至自发进行传播的创意。Surface 的推广宣传语是"carry light,carry right"("携带轻巧就是选择正确"),不仅押韵好记,而且准确地展示了产品的视觉和品质形象。微软瑞典公司让目标群体直观地认识到过重的负荷对自己体态、骨骼带来的问题,并随之提供一个实际的解决方案:Surface 的轻便可以减轻人们的负担。

瑞典微软公司的做法是在斯德哥尔摩市中心地铁站内搭建了一个骨骼姿态扫描仪。这台仪器运用了 Xbox360 体感技术,只要有人经过,扫描仪大屏幕就会实时显示测试对象的行走姿势与椎骨状态,屏幕上的图像会随着路人的移动而移动。Xbox360 是微软的家用游戏主机,但在这个场景中被人性化地设计成扫描仪十分新颖。扫描仪能检测出人们的体态是否良好,如果出现了含胸、驼背等不健康姿势,屏幕就会报警,仪器自带的智能功能会提示正确的姿势。让人意想不到的是,当扫描仪报警时,还会出现一位专业的按摩师,指导人们用正确的姿势行走,纠正其背负姿势。扫描仪放置在上班族人流量最大的地铁站内,很容易引起目标群体的注意,扫描仪大屏幕的骨骼显示让匆忙赶路的人们驻足留意它到底是一个什么样的东西。

时下不少笔记本电脑都是以"轻"为卖点,如何让"轻"成为 Surface 的独特卖点,而不为别人做嫁衣。并且,虽然现代生活已经充斥着各类电子产品,但作为学习、工作必需品的笔记本电脑几乎从未与人们的健康产生联系。微软瑞典公司选择了一个往往被忽视但现实存在的切入点,骨骼姿态扫描仪的设置为受众提供了一次难忘的体验,不仅亲眼看到自己的骨骼健康情况,更是加深了目标群体对微软公司及其Surface 产品的印象,这也丰满了微软作为一家科技公司的形象,实现了微软产品的社会形象传播。

社会形象的提升对企业的回报是巨大的,根据市场调研公司 Gartner 的数据,个人计算机市场从 2011 年开始就已停滞发展，2015 年全球个人计算机厂商共生产 2.9 亿台个人计算机，比一年前少了 8％。[①] 而微软财报显示，在全新 Surface Pro4 的推动下，Surface 硬件业务在 2015 年第四季度的收入是 13.5 亿美元，比上一年增长了 29％，和前一季度相比翻了一番。

（三）社会形象

产品是面向公众的、在社会上流转交易的，所以产品形象携带了部分社会属性，再加上产品确实可以投射出其所属组织的某些特质或者精神，这就造成了产品形象与社会形象混为一谈的情况。虽然可以是最关键的成果，但产品不是一个企业的全部成果；虽然可以是最重要的目标，但生产也不是一个企业的唯一目标，因而产品形象不能等同于公司的整体形象。

哈里斯互动调查公司（Harris Interactive）对美国某公司两年期间的新闻发布进行了内容分析。这项分析对近 400 篇新闻稿中使用的单词进行分类，通过确定同义词以及单词和自然关联表达之间的对应关系，建立了关键词词库。研究人员多次检查文本，确定了单词的自然分组。结果显示，这家公司的传播内容主要包括"产品"和"业绩"，却鲜少提及其领导能力、公民身份特征、组织机构的传播。[②] 该公司树立的社会形象很大程度上源于其产品，但缺少公司其他方面的信息展示。一个社会组织是社会中的一员，其社会形象代表了该组织在社会中扮演的角色。很多组织可能和上述公司一样，专注于发展自己的产品或服务，但忽视了自身应当树立的社会形象甚至承担的社会责任。

2017 年 4 月 9 日下午，美国联合航空（United Airlines，以下简称"美联航"）航班编号为 UA3411 的安保人员因超额订票而将一名不愿意下机的美籍越南裔乘客暴力拖走。机上乘客拍下片段并传至互联网，美联航因此遭到网民强烈谴责。

美联航、达美航空、美国航空和西南航空，为美国四家最大的航空公司，占领了约八成美国国内航空市场。几乎垄断的航空市场使航空公司丧失了改善服务的动力，以至于出现退化趋势：机票越来越贵，座位越来越小，服务越来越差。机票超售是指卖出去的机票数量高出实际座位数量，在航空市场中并不少见。

美联航在事发近 24 时后才首次回应，通过其推特的官方账号发布了美联航 CEO 穆尼奥斯的声明，称为美联航选择对涉事乘客"另行提供服务"的做法道歉。然而，美国舆论和社交网络对这一轻描淡写的声明并不买账，称是故意忽视了强行拖拽乘客的情节。并且，未能及时回应该事件消耗了公众的耐心，进一步加剧了危机。更令人气愤的是，穆尼奥斯在随后的内部声明中称对涉事的机组人员表示支持，他说美联航员工只是"按照既定程序应对类似状况"。美联航于 10 日晚发表了第二份

---

① 转引谷虹、王静：《智慧的品牌：数字营销传播金奖案例（2016）》，电子工业出版社 2017 版，第 47 页。小圈梨点评：《南方都市报》。

② 塞斯·范瑞儿、查尔斯·福伯恩：《企业传播原理》，中国社会科学出版社 2015 年版，第 60 页。

声明,仍对涉事保安和员工表示支持。直到 11 日下午发表的第三份声明,穆尼奥斯才第一次对遭受暴力驱逐的乘客道歉。美联航于 12 日宣布,将赔偿事发航班上所有的乘客,且承诺不再动用安保力量将满员航班的乘客赶下飞机。

事件本身是偶然的,却揭露出美联航在社会形象管理上的严重不足,使其整体形象受到负面影响。直到危机扩大,美联航才在第三次声明中首次对受害者道歉,缺乏大公司应有的责任担当。美联航作为航空公司巨头,在此次事件中先是态度冷漠、前后不一,没能体现应有的人情味和社会责任感,损害了其利益相关者对美联航一直以来的信任、尊重。此次事件令美联航的股价大跌,实际利益损害巨大,但与之相比,民众对美联航的信心丧失、信念瓦解而造成的价值危机更为致命。

第二节　基于品牌传播的效果考察

如今人们的日常生活充斥着各类品牌,品牌已成为现代消费社会不可分割的元素。对于品牌的认知需要更加全面和科学,正如美国西北大学教授唐·舒尔茨所言:"品牌既不是流水线上制造出来的怪物,也不是故弄玄虚、炫人耳目的电视广告中的精灵。"品牌和品牌形象的概念是传播领域不可或缺的概念,在实践中具有重要的指导作用。本节将从传播主体与受众这两个角度呈现品牌的不同定义,更加全面地解析这个概念,避免选择性理解。

一、品牌的概述

(一)品牌的起源

历史上,"品牌"最先被用于鉴别不同的陶艺成品,这一做法可以追溯到高卢罗马时期,尤其是公元前 1 世纪。数以千计的陶器在一个硕大的烤箱中炼制,由于每个烤箱大都有超过 20 个陶器工匠同时使用,使得他们必须发明出某种鉴别方式以便在两个星期的炼制结束后能够挑出自己的产品。于是,工匠们会在自己制作的陶器上加盖印章,多为象形符号或大写字母,这就成了人类历史上最早的"品牌"标识[①]。

从词源学上讲,英语的"品牌"(Brand),以及德语的"Brandt",都源于"布兰登记号",即牧羊人为了区分自己的牧群,在动物身上烙下的标识。并且,法语中"品牌"(Marque)一词源于日耳曼文字"Marka",作标志之意。可见在品牌出现之初,识别和区别便是其主要功能。不过,在古代,品牌的受众并不是终端消费者,品牌的使用

---

① 菲利浦·马拉沃等:《五维传播》,机械工业出版社 2015 年版,第 182 页。

者只限于专业或生产人士。

到了 18 世纪，自由贸易在西方社会逐渐建立、成熟起来，生产技术、运输技术（蒸汽轮船、铁路等）和机械化得到快速发展，并最终酝酿出第一次工业革命。标准化、专业化的工业生产慢慢取代了手工劳动，与此同时，市场上出现了分工不同的制造商和分销商。随着制造商的日益密集化，他们很难追踪到每一个单独的客户，由制造商直接销售给终端消费者的模式不再有效，于是他们把商品批发给固定的店主，也就是分销商，由他们再次分销给消费者。此后，分销商都扮演着与消费者直接打交道的角色。

直到 1857 年，现代化的品牌以工业产权的形式出现并受到法律的保护。品牌使制造商能够直接与终端消费者对话，与分销商制衡。所以，现代社会中使用的品牌是工业产品市场整合的产物，让消费者得以标识、区别产品。

第一次世界大战结束，很多商业公司在战后重建期间合并成大公司，并争相投资创造自己的品牌，其中不少是已有的家族品牌的延续。例如：源自 1865 年的马天尼（Martini），1857 年的雀巢（Nestle），始建于 1929 年的达能（Danone）和 1911 年的妮维雅（Nivea），1907 年创立的欧莱雅（L'oreal）和 1931 年创立的薇姿（Vicky）等。[①]从此，制造商的品牌涌入市场，品牌成为商业竞争中至关重要的一个组成部分。

（二）品牌的发展

在品牌发展的很长一段时间里，构成品牌的主要元素是标志。例如，印章代表物件所有权的标志，签名代表授权许可的标志，旗帜代表联盟的标志，门店招牌代表营业场所的标志。

品牌最初的功能是用来区分产品或者组织，这也是美国营销协会对"品牌"的基本定义：一种名称、术语、标志、符号或设计，或它们的组合，用于识别一个销售者或一个销售机构的商品和服务，以便与他们的竞争对手进行区分。显然，美国市场营销协会对品牌的这一定义只是强调了品牌的识别功能，认为品牌仅仅是一种与其他竞争商品相区别的识别符号，而没有触及品牌的本质和真正的内涵。

菲利普·科特勒将品牌定义为"一个名称、术语、标志、象征或者设计，或者是所有这一切的综合体，其目的在于将一个卖家的产品或者服务与其竞争对手的产品或服务区别开来"。[②]所以，使用品牌最本质的目的是强调自身所代表的产品或服务的特别之处。

以品牌主或者称为传播主体的角度分析品牌的含义，可以清晰地认识到，他们使用品牌是为了区分其所代表的组织、产品或服务，品牌的作用是强调所代表商品或服务的差异性与独特性。因此，以区分为主的品牌运用，在传播时会习惯性地以自我为中心，着重介绍、展示自己的成果，即便是面向某个受众群体展开传播活动，

---

① 菲利普·马拉沃等：《五维传播》，机械工业出版社 2015 年版，第 183 页。
② 菲利普·马拉沃等：《五维传播》，机械工业出版社 2015 年版，第 78 页。

其关注点也会不自觉地集中在竞争对手身上,这样的品牌应用特征在市场中延续了较长一段时间。

（三）品牌的形象

"品牌形象"这个概念诞生在"品牌"之后,由大卫·奥格威（David Ogilvy）在1955 年美国广告协会的一次演说上提出。当时他发表了主题为"形象和品牌"的演讲,提出"每个广告都是对某一品牌之形象的长期投资",首次将"品牌形象"（brand image）的概念引入营销界,并在 1961 年出版的《一个广告人的自白》中将"品牌形象"作为重要理论进行阐释,从此"品牌形象"的概念得到了广泛传播。

奥格威认为:"品牌是一种错综复杂的象征,它是品牌属性、名称、包装、价格、历史声誉、广告方式的无形总和。品牌同时也因消费者对其使用的印象以及自身的经验而有所界定。"依据这个概念,消费者购买的不只是一样产品,还包括产品所承诺的物质和心理收益。随着产品之间同质性的增加,决定竞争胜负的关键集中在消费者对于商标乃至企业本身特殊性质的印象之上,因而品牌需要树立并维持一个良好形象。

20 世纪 70 年代中后期以来,欧美资本主义国家的经济进入高速发展期,社会物质和人均收入较以往有了大幅度的提高。此时,消费者对产品的需求开始由"物质性"向"社会性"转变,即越来越重视商品的"精神性"（身份地位、审美品位、价值观念、精神信仰等）,而针对目标消费群体,经过精心加工提炼且附加在商品上的价值观念、审美品位、文化修养等精神属性则逐渐成为消费者判断购买商品的决定性因素。

上一节讨论到,形象是受众对传播主体的认知集合,而品牌形象反映的是顾客对品牌的感知。并且,品牌形象不是产品固有的,而是随消费者所联想到的产品质量、价格、社会意义等因素而变化的。在美国,万宝路（Marlboro）是一个被大家熟知的品牌形象。万宝路一度曾是带有明显女性诉求的过滤嘴香烟。自 20 世纪 50 年代中期开始,万宝路香烟开始和"牛仔""骏马""草原"的形象结合在一起,从此,万宝路的销售群体逐步扩大,获得了前所未有的商业成功。同时,万宝路的粗犷豪迈的形象也开始深入人心。

（四）品牌的价值

奥格威认为,品牌不仅仅是商品的名称和标志,还是一个商品所体现出来的综合的形象以及它在消费者心目中的感受和所具有的社会属性的象征意义。20 世纪80 年代中期,在奥格威提出品牌形象的概念后,投资公司发现一个规律,那些拥有忠诚客户基础的品牌,即便进行相对较少的投资,也能够产生可延续的收入。因此,一个成功的品牌不仅能为组织创造短期的收入,其未来的盈利能力也十分可观。而且,品牌的长期价值远远超过企业制造产品或者提供服务所需要的有形资产。所以，品牌的功能和侧重开始转变，由传播企业做什么、生产什么，转移到打造其所具有的更长远的价值上。

确实，以消费者的角度来看，品牌存在的意义远远超过了它的名称或标识元素。品牌传递给消费者的信息甚至可以代表该组织的核心价值、文化理念，等等。约翰·墨菲将品牌定义为："这样一个商标，通过对其进行精心的管理、巧妙的推广和广泛的使用，而使消费者在心智中产生并主动接受一系列有形和无形的属性以及价值观，这些内容就是品牌。"品牌是包含了观点、属性等元素的一套价值体系，代表了消费者考虑购买或使用其代表的产品或服务时，所进行的一系列的体验。

品牌不仅可以让投资者盈利，在《市场驱动的公司》一书中，麦克唐纳写道："品牌，是为消费者（以及有关各方）提供的一个在功能和性能之上的附加价值的实体。这些附加价值或品牌价值使得产品的报价不同，也为消费者的偏好与忠诚度提供了基础。"[1]在应用初期，品牌的主要功能是服务品牌主，有关品牌的信息都侧重于组织方面，而不是消费者，或者品牌与其目标受众的关系。可随着传播环境变得更加多元化，传播主体自说自话就可以实现传播目的的时代已成为过去。

不仅消费者主动获取信息的意愿越来越强，他们也越来越擅于发表自己的看法和意见。对于消费者或者传播受众而言，品牌已经不再是一个被灌输的概念。品牌所代表的已不再由品牌主单方面所定义。作为选择品牌的一方，消费者或传播受众看待"品牌"时更注重品牌所能创造的价值。在《营销与底线》中，安布勒说过："品牌，曾经只是一个消费品术语，而现在却出现在每一个部门，对大多数英国人而言，当今的市场意味着：品牌＝产品＋包装＋附加价值，附加价值成为了消费者在考虑产品时的一种方式，例如'创新'，'只为孩子'等。这些可能只是心理层面的，但是因此所带来的品质认知度和经济效益却远远超过产品本身所提供的。"所以，时下社会组织围绕品牌开展传播活动时，或是在品牌及其与消费者关系的构建中，更趋向于以消费者为中心。除此以外，随着市场"碎片化"的加剧，市场细分挑战了以群体接受和群体认同为基础的传统品牌价值，受众的诉求越来越个性化，因此，在品牌传播过程中，确保品牌形象的多样性也愈发重要。

二、品牌传播的作用

在全球化的市场经济中，人们对品牌的认识已经愈来愈清晰，即品牌不仅仅是表示商品或服务的标志，更是企业商品或服务的市场信誉、市场占有率和市场竞争力的集中体现，其发展水平是衡量一个国家或地区的经济、科技、文化状况的重要标志。具体而言，品牌价值既可以为企业带来商誉利润、资金和营销投资效应，也可以为投资者带来股值和信心提升，还可以为消费者带来形象、身份和审美认同。

品牌传播是品牌所有者和目标受众之间的交流，其意义可以是基于物质、情绪

---

[1] 唐·舒尔茨、海蒂·舒尔茨：《整合营销传播：创造企业价值的五大关键步骤》，清华大学出版社2013年版，第71页。

或是感知上的价值,这种交流可以以任何方式存在,在任何时间内发生。通常,品牌传播可以是物理上的品牌、商业包装、图像或图标等用于识别品牌的产品或服务,也可以是情感上的沟通互动,但无论是哪一种,品牌传播是一种操作性的实务活动。品牌所有者通过各种传播手段,将品牌核心价值理念持续不断地向目标受众传递,以达到目标受众对品牌的认同、喜爱,从而塑造和提升品牌形象以及品牌在目标消费者心目中的认知度、美誉度。

（一）建构身份符号

消费者通过商品向他人明示或暗示自我识别,是现代消费社会中消费者最为重要的社会性行为。越来越多的消费者将展示自我或表达自我作为目的,而把消费作为一种手段,品牌商品则更是一种象征或符号。品牌商品的象征意义主要表现在两个方面:对外是构建了外部世界,即社会象征意义;对内则是构建了自我身份,即自我象征意义。所以,广告实际上就是这些象征意义的主要缔造者,而品牌则由于文化意义的输入而具有了建立和维持某种特殊识别作用的符号象征意义。

（二）形成竞争优势

品牌通过突出其产品品质或强调其内在理念所形成的差别是竞争对手所难以仿效的,它可以将多种差别化利益归于一体,从而充分地向市场反映出企业的综合实力和基本素质。强势品牌以其长期坚持不懈的差异化诉求能够使企业或品牌长期保持市场竞争的优势。

带有白色"妮维雅"商标的蓝色盒子于 1925 年首次亮相。在 20 世纪 50 年代,妮维雅乳霜一直保持着经典品牌的地位,大量的护肤品在妮维雅旗下诞生。妮维雅的名字从拉丁语单词"雪白"演变而来,映射了乳霜的纯白色外观。

20 世纪 80 年代,拜尔斯道夫公司在管理中逐渐意识到了妮维雅品牌的增长潜力。事实上,研究显示,妮维雅品牌享有很高的信任度,消费者也愿意接受妮维雅旗下的其他新产品。为迎合消费者的期望,以妮维雅乳霜为中心,妮维雅推出了大量的高品质产品。这种扩张性战略从 20 世纪 80 年代一直持续到了 20 世纪 90 年代,一批妮维雅子产品涌现出来,如妮维雅头发护理产品和妮维雅沐浴护理产品。[①] 随着全球化步伐的加快,妮维雅品牌管理逐渐集中化,成为世界上最大的护肤品牌。目前,全球 170 多个国家的消费者都在使用妮维雅品牌。

企业通过品牌建设和传播来逐步达成对某一市场份额的占有,并实现一定的市场占有率,包括通过品牌延伸开发新产品,进入新市场,赢得消费者的认同和忠诚,冲破一些国家或地区为保护其本国或地区的企业所设置的各种贸易壁垒等。联合

---

① 　阿盖什·约瑟夫:《德国制造——国家品牌战略启示录》,中国人民大学出版社 2016 年版,第 45 页。

国工业计划署的调查显示,著名品牌在整个产品品牌中所占比例还不足 3%,但著名品牌产品所拥有的市场份额则高达 40% 以上,销售额更是超过 50%。

随着全球市场一体化的形成,市场竞争的范围必然从国家市场向全球市场扩大,而市场竞争的程度也必然更加激烈。在这一市场环境的变化过程中,那些缺乏品牌核心价值支撑的企业显然就处于十分不利的地位;那些拥有强势品牌的企业能够迅速使自己的产品在全球市场扩张,因为全球市场的竞争实际上更多地体现为强者博弈、名牌对决,也就是各个跨国公司及其所拥有的品牌之间的竞争。

据联合国跨国公司中心统计,全球跨国公司(截止到 2013 年 6 月)已经发展到了 6 万家之多,其子公司达到 50 万家。这些跨国公司控制着全世界 80% 的技术专利、70% 的投资资金、60% 的贸易业务。并且这些跨国公司大都来自发达国家,如全球排名在前 100 位的跨国公司中有 70% 的公司与 80% 的资产均掌握在欧美和日本等发达国家手中。这些跨国公司实际上所掌握的往往并不仅仅是一个品牌,而是一个品牌群,如宝洁公司旗下就拥有 100 多个子品牌。因此,全球市场上的产品竞争,其实质还是跨国公司之间的品牌竞争。

在我国市场上,目前就盖洛普调查公司所做的消费者生活态度和生活方式的趋势调查显示,就品牌知名度(认知率)而言,排名在前 20 位的品牌中,国外品牌就占了 16 个,而国内品牌只占 4 个。另外,在调查品牌的认知率的排名中,认知率最高的是可口可乐(85%),而认知率超过 20% 的品牌中,国产品牌也只有 10 个,仅占 58 个品牌中的 17.24%。此项调查的数据再次表明,国外品牌进入中国市场并占有相当大的市场份额,其关键就是正确地使用品牌传播策略作为其市场扩展的先导。

（三）创造无形资产

企业在品牌传播的过程中,不论是利用广告、公共关系还是其他营销传播的手段,除了创造物理上或者商业上的价值,创造品牌的无形资产也是品牌传播的又一目标。

品牌是一个社会组织的无形资产,其要点是组织可以提供的特定的特点、利益和服务。品牌对于社会组织的传播至关重要。这不仅是因为品牌本身具有传播功能,更重要的是,品牌是一种独立的资源和资本,企业可以通过品牌的创造和运作,有效地拓展市场,获取收益。

当讨论一个组织所具有的无形资产时,品牌和声誉经常被混淆使用。虽然两个概念有些类似,且两者皆与建立产品、服务或企业形象有关,但它们还是有很重要的区别的。从法律的角度来看,品牌是无形资产,是机构的知识产权[①],通常被认为是在配合一个组织的其他知识产权,共同支持或定义其品牌。

---

① 唐·舒尔茨、海蒂·舒尔茨:《整合营销传播:创造企业价值的五大关键步骤》,清华大学出版社 2013 年版,第 10 页。

虽然品牌代表着一个组织的许多无形资产和价值,但品牌仍然由几项实物元素组成,例如商业包装(包括包装、标识的使用、企业的颜色,甚至可能包括产品设计)、品牌名称、商标、标语、包装等。此外,法律上品牌是其拥有组织或个人的正当财产,所以品牌可以被出售、挂牌、用于抵押或者视情况而被处理掉。

而声誉则是一个更为广泛的概念,基本上可以被定义为对一个社会组织或个体的整体评价。声誉是对一个组织或个体的社会主流观点的体现,需要随着时间的推移而积累,通过良好的公共行为来获得。声誉是建立在一系列因素之上,例如《财富》杂志公布的世界最令人尊敬的公司年度排名,其中的八个评选标准为:创新、人员管理、企业资产使用、社会责任、质量管理、财务稳健性、长期投资和产品服务质量。因此,建立声誉不是在塑造一个特别的身份,而是使得企业能够获得认知和认同,成为拥有令人敬佩的素质的模范实践者。[①] 声誉同样可以为一个组织创造价值,但声誉无法像品牌一样在法定意义上被"拥有",也无法出售或挂牌给其他公司。声誉没有财产权,可这并不影响声誉在社会中的流传和辨识度。

(四)维系社交情感

在营销上,拼价格、做促销等做法会让产品透露出互联网的急躁和逐利。品牌的社交情感是指借助各种社会化媒体和社交网络应用,使品牌以人的角色融入消费者的社交圈,以人的方式与消费者互动交流,赋予品牌以社会交往和编织关系网络的能力,更进一步,使品牌作为平台为消费者的社会交往提供聚合点。从社会的心理问题入手,专注于这一个话题,每一个细节都在为它服务。也可以对不同的热点及时作出反应,尤其是与用户生活状态息息相关的话题。在操作过程中,不以交易额为目标,而是诉求用户的感情和认可。

三、品牌安全

数字广告(Digital Advertising)是指呈现广告内容的载体是数字媒体,也称为流媒体。传统广告行业存在数据不透明、跟踪困难等弊端,而数字媒体不但可以追踪点击量、转化率,甚至是不同时间段的人流量,使投放效果更直接可控,可随时调整营销策略。此外,数字媒体可以更容易地识别出受众成员,并与受众中反应迅速的个体建立双向沟通。通过这些个体,企业能建立数据库,有针对性地展开互动,包括通知、奖励、答谢和再销售,是企业具有可持续价值的资源。

在全球经济增速放缓的大背景下,不少行业的整体销量处在下滑阶段。市场营销部门在重压之下需要在数字营销板块中找到更好的营销方式,或者采用优质的流量来提升、支持销售业绩。因此,他们需要保护品牌安全,增强品牌资产。

品牌广告主比较在意广告传播的美誉度,不希望广告被展示在与产品服务及品

---

① 唐·舒尔茨、海蒂·舒尔茨:《整合营销传播:创造企业价值的五大关键步骤》,清华大学出版社 2013 年版,第 30 页。

牌形象相悖的媒体环境中。例如：航空公司的品牌广告不要展示在介绍空难的内容页面中，品牌广告不要出现在色情暴力的网站，等等。如果处理不好这个问题，可能是广告预算也花了，反倒会让用户对品牌产生负面的感受，带来一些不好的传播效应。所以对于很多国际大品牌客户，陆续开始关注品牌安全(Brand Safety)相关的产品及服务。品牌安全，是指通过技术和其他手段保证品牌的广告在合适的时间、地点传播，不与对品牌有损害的内容产生关联。

2018 年 3 月份，YouTube 因为广告呈现在恐怖组织视频内容而受到抨击，最终引发了超 250 家品牌主撤回广告预算，给谷歌造成史无前例的广告"信任危机"。

2018 年 7 月份，全球最大广告主宝洁宣布在一个季度内削减了 1.4 亿美元数字广告支出，并公开宣布，其中的一个主要原因就是广告的呈现位置与品牌不相称。品牌安全问题是互联网广告投放的独特问题，与广告投放的透明性及可见性等问题密不可分。品牌安全的问题无法百分之百杜绝，只能控制在合理的范围之内并尽量减小它在整体投放中的比例。

在执行层面，一是避免黄暴内容，除了要让品牌广告远离极端组织、暴力、色情等内容外，品牌还需要根据自己的产品定位和受众群设置媒体黑、白名单，保护品牌形象；二是辨别用户内容对品牌主是否安全；三是识别假新闻，并及时进行清理。

第三节　基于营销传播的效果考察

一、营销的概述

根据美国市场营销协会的定义，营销是一种组织功能与程序，包括价值创造、将价值输送给消费者，并管理公司与消费者之间的关系，从而使公司及其相关者受益的一系列过程。价值创造与准确传递是经营顾客关系的关键。价值所涵盖的内容以产品为基础，但不局限于产品，可以是产品配套的服务，可以是组织特有的价值理念，可以是产品象征的社会地位。

美国市场营销协会，American Marketing Association（简称 AMA），是一家专业协会，在全球范围内，为营销工作的个人和机构提供服务。于 1937 年由商界及学术界的杰出营销人士发起成立。如今，该协会已发展成为世界上规模最大的市场营销协会之一。至 2016 年该组织有成员约 5 万名，76 个专业分会和 250 所美国高等院校。美国市场营销协会中国办公室于 2013 年成立，这是其第一家海外办事处。

（一）区分营销和销售

从上文可以看出，营销并不是传统意义上的"卖东西"，而是一种价值创造。营销(marketing)常常会和销售(sales)混淆。简单地区分这两者,可以把销售理解为将产品"推"向用户,而营销则是把用户"拉"到产品面前。销售更侧重于"售",以结果为导向,通过把产品或者服务卖给顾客,为公司创造利润;相比之下,营销保留了"销",但更强调"营",即运营、经营,是一个持续推进的过程,目的在于深刻地认识和了解顾客,从而使产品或服务完全适合顾客需要而形成产品自我销售。

营销的工作内容包括产品定位、用户调研、市场推广等。随着市场的发展,营销的职能也在不断细化。而营销也不再只是商业市场的专属。时下的各个领域,只要有价值传递的需要就会有营销的出现。并且,营销的对象有顾客、潜在消费者,常被统称为"目标群体"。营销工作可以说是围绕目标群体而展开的,重点在于保持双向沟通、维系良好的关系。所以,在工作实践、开发和学术理论研究中,营销不只属于商科,也同时存在于新闻学、传播学、心理学,其原因正是如此。

营销不仅可以体现产品的销售情况,更能及时获取目标群体的反馈,与市场环境变动紧密相连,所以也常被称为市场营销,是商品经济的风向标。

（二）区分营销和公关

当提到与目标群体的关系时,人们很容易能联想到公共关系(public relations),也就是俗称的公关。那么,营销与公关又有什么区别呢?

营销始终具有销售属性,而公关是以塑造机构形象为核心。产品的宣传、销售、物流、反馈、制订新品方向,都是营销的任务;对外披露财报、协调上下游厂商、游说政府、危机处理,则是公关的任务。公共关系涵盖向公众传达公司信息的众多专业领域,包括赞助、媒体关系、问题管理等,与营销的侧重有所不同。

（三）区分营销和广告

根据不同的工作方式,营销可以分为很多具体步骤,但传播始终渗透在每一个步骤中。作为十分常见的传播手段,广告只是传播的一种。但需要注意的是,广告是具体的手段而不是目的,特指机构或个人通过购买媒体进行的有计划的传播。营销广告通常以产品展示及性能介绍为主,也常会用到广告以外的传播方式,比如新品发布会、展览、活动营销等。

"有好的创意,才能有好的广告"。也许是受这种思维模式的影响,传统上,营销从业者总是假定营销传播是一个"创造性的过程",甚至是一种艺术形式。因此,不少营销者将绝大部分的时间和精力都花在了自己的传播内容上,变换风格、不断修饰,却花极少的时间来说明自己的产品可以如何解决目标群体面临的问题,也就很难产生共鸣,做到有效传播。传播的属性是说好一个故事,目的是受众听懂了故事并作出相应反馈。但大部分营销从业者总是过于关注自己的故事,无意识地在传播中把各种大杂烩一股脑儿地推给受众。

优秀的传播主体在"传播"发生之前应该先"聆听"，了解目标群体的需求、心理，有针对性地开展个性化的传播。

二、营销传播的模式

有效的营销模式一直被视为企业、品牌和产品立身市场竞争环境的根本性策略。通过有效营销，企业可以将特定的产品、品牌价值和企业形象与特定的目标消费群紧密地连接起来，抵御来自竞争对手的市场挑战。

（一）整合营销

全球最大的玩具公司之一，乐高公司，成立于 1932 年，公司总部在丹麦。根据乐高 2015 年的年报显示，其当年净利润达到了 13.4 亿美元，较 2014 年增长 31％，创历史新高。截至 2016 年年底，乐高每年生产约 750 亿个零件，售往 140 多个国家。但就在十多年前，因为竞争品牌以低价仿制相同的产品、新时代小孩觉得乐高积木不够酷等营销挑战，乐高在 2003 年一度濒临危机。

除了修正产品策略外，采取整合营销是乐高得以实现品牌转胜，创造差异化价值，再度站上全球最有价值（市值 164 亿美元）的玩具企业的最主要原因。建立活跃度高的品牌社区、激发玩家自主创造内容，乐高的营销一直在业界被当作模范。

基于实体玩具，乐高根据每个产品主题建构出相应的虚拟世界，每一个乐高系列产品都有自己专属的微型网站（microsites），如 Lego Chima（乐高神兽传奇）、Lego Starwars（乐高星际大战）、Lego Ninjago（乐高旋风忍者）等。通过整合多媒体应用，乐高用丰富有趣的娱乐内容，满足玩家对不同主题的兴趣，增加在网站上停留的时间。在微型网站里可以看迷你电影、打电玩、听音乐等，也可以直接网上购物。例如，乐高星际大战微型网站，有将近 100 部的影片以及多样电玩游戏，俨然一个星际大战影视娱乐频道。这些网站会定期更新内容，增加更多的回访率，强化消费者的黏度，最终影响消费者对产品的购买欲望。

乐高的整合营销不止体现在微型网站上，每当乐高上市新主题产品时，都会制作一系列节目，用说故事的方式增加与消费者的情感交流互动。20 分钟完整版的节目会先在有线电视台首播，之后会上传至乐高官网。有意思的是，考虑到不同年龄层的乐高玩家，特别是小朋友的浏览习惯，影片会剪辑成多部式 2—3 分钟精华版。虽然乐高自制节目的主要目的是支持实体玩具，帮助创造更大的玩具销售量，但是高品质的内容同时也替乐高带来额外的营收，比如将播放版权卖给有线电视台，既扩大传播效益，又能扩大营收。

如果说，乐高自制电视节目的影响范围主要集中在海外、西方社会，那么，乐高电影所产生的轰动则是全球的。2014 年上映的《乐高大电影》取得了全球 5 亿美元票房的巨大成功，此后乐高持续发力，《乐高大电影:蝙蝠侠》于 2017 年上映，《乐高大电影》于 2019 年上映。并且，电影的热度一直延伸至线下，第 87 届奥斯卡金像奖，当

《乐高大电影》的主题曲"Everything Is Awesome"响起时,中场表演嘉宾向观众席中的演员颁发乐高小金人。

主题电影推出之后,乐高在社交媒体上的声量水涨船高,截至 2019 年 3 月,在 Instagram 上积累了超过 380 万的粉丝,Twitter 上也有近百万的关注者。并且,Facebook 社群分享平台是有年龄限制的,因此乐高创设了小朋友专属的社群网站 My Lego Network,小朋友可以发挥创意设计自己独有的封面,跟其他的小朋友互动交流、玩游戏及看电视节目。小朋友如果有了最新的乐高玩具,就可以在 My Lego Network 和其他小朋友分享。乐高社群网站不但强化了乐高迷的凝聚力,也充分发挥了口碑的分享力。

让用户参与到生产过程中来,并将这个过程作为营销的一部分,这也是乐高长期以来实行的战略。2011 年,乐高发起一项创新活动,建立了一个众包网站 Lego Ideas,乐高迷可以在这里提交创意,由其他玩家投票,对最受欢迎的创意乐高将其商业化,生产限量版。此举大大激发了玩家的热情,有什么比自己的想法得到实现,推广出去更令人兴奋的呢?2014 年,成千上万个乐高玩家参加了乐高设计大赛,好奇号火星探测器模型获得了 1 万多张投票,并最终被乐高官方选中,批量生产并上市。乐高不仅看重与其受众在兴趣层面上的交流,更能将互动有效转换成自身的产品,做到真正的反馈,形成传播的闭环。

(二)跨界营销

由于互联网的平台属性,"互联网+"概念一度风靡全球,特指传统行业可以与互联网相结合、相融合。随着互联网市场竞争的日益加剧,网络营销方法的多样化,行业与行业的相互渗透、相互融会,已经很难对一个企业或者一个品牌清楚地界定它的"属性"。跨界营销(crossover marketing)是根据不同的行业类别、不同的产品、不同嗜好的用户之间所拥有的联系,将原来毫不相干的一些元素进行融合、互相渗透,从而彰显出一种新锐的生活态度与审美方式,赢得目标消费者的好感,使得跨界合作的品牌都能够得到最大化的营销。

2014 年 Airbnb 和伦敦水石书店合作,用户可以在水石书店过夜,休息时可以随意翻阅想看的书。在书店过夜这个浪漫的想法会让人自然联想到迷惘的一代在巴黎莎士比亚书店二楼借宿的经历,垮掉的一代与城市之光书店的渊源。Airbnb 与书店合作符合自己用户的文艺气质,同时也极为聪明地勾起了用户对文化思想碰撞的黄金时代的回忆。对 Airbnb 自身调性来说,是一次强化和提升,也让用户把 Airbnb 这个品牌和文化联系起来。

品牌之间的目标受众要有一定的契合度,同时又可以覆盖到不同的人群。合作的落脚点可以是对产品功能的强化以及对新模式的市场教育,也可以是对品牌调性的提升。用创新思维进行营销配套组合,充分借用双方优势形成互补,优化消费结构,给消费者提供多种服务,产生 1+1>2 的效果,从而使品牌在竞争中实现"双赢"。

其实，在 1966 年，美国学者艾德勒在《哈佛商业评论》上发表的题为"共生营销"（symbiotic marketing）的文章中第一次提出这个概念，是指由两个或两个以上的企业联合开发一个营销机会。共生营销发展至今已不再仅仅局限于同类企业之间，它是包括了所有横向合作和区域互补及相关联的产品组织在一起的新营销理念。在具体的执行过程中，共生的方式随着时代的进步和环境的变化在不断创新。

任何一个企业或组织不可能在所有方面都具备优势。实施共生营销战略，通过共同进行产品开发、共享人才和资源、共同提供服务等，降低竞争风险，增强竞争能力。但是，需要强调的是，并非所有的领域、项目都适合采取共生营销模式，只有那些市场信息多变、结构变革和竞争激烈的产业领域，那些能带来高附加值的活动项目才值得考虑。同时，还应考虑到共生营销所产生的成本费用，只有联合所增加的收益大于联合所产生的成本时，才应实施该方案。

与"共生营销"相似的一个概念是"营销协同"（marketing synergies）：依靠识别共同顾客，满足其对企业业务组织中不同业务产品的需求，从而挖掘跨业务单元交叉销售机会的能力。通过向共同客户群体提供整合服务获得更大的利益。向共同客户进行交叉销售要求传播功能的集中化，能够快速准确地收集目标群体的信息，有效地进行跨业务单元部门的信息分享，并且向受众展示一致的"共同形象"。

相比之下，"共生营销"与"营销协同"侧重于匹配不同组织所拥有的竞争优势，"跨界营销"则更加强调当今社会组织的模糊属性，是互联网的产物。但它们共通之处是，在选择合作品牌的时候一定要协同协作，如果只是单纯地利用，则无法实现双赢的合作。

优步这个来自美国硅谷的打车应用 App，于 2009 年诞生。它希望为人们提供一种"即时叫车＋专属司机"的服务。优步自身并没有任何车辆，但擅长整合各类资源。在美国，优步和出租车公司、汽车租赁公司甚至私人签署合同，让车主通过优步接收订单。

2015 年 4 月 16—17 日的中午 11 点至下午 5 点，Uber 联合 HBO（Home Box Office 的简称），在美国曼哈顿的 14 街到 59 街、莱辛顿大道到第九大道之间的区域推出"铁王座"试乘服务。此次活动主要是为了宣传最新一季《权力的游戏》，在 Uber 中输入"ThroneRides"（铁王座试乘），就有机会坐上"铁王座"，号令天下的感觉立马就来了。如果选择"铁王座"（Throne），体验者可以在透明卡车内与"铁王座"合影；如果选择"三轮车"（Pedicab），体验者有机会乘坐一辆装饰过的三轮车，一饱戏瘾。当然啦，因为"宝座"数量有限，Uber 只把活动参与者限于曼哈顿中心的几个街区，那些有幸在"铁王座"上体验一把王者风范的市民都迫不及待地把照片分享到了 Twitter 之上。

Uber 的配送以及配送方式具有比较大的个性化创作空间，能产生相关话题。通过品牌跨界营销,Uber借"他山之石"迅速地扩大了自身知名度,能够更快攻陷合作品牌原有消费者的心理防线,可以说这样的强强联合产生了奇妙的化学效应。

每一个优秀的品牌,都能比较准确地体现目标消费者的某种特征,但因为特征单一,往往受外界因素的影响也比较多,尤其是当出现类似的竞争品牌,这种外部因素的干扰更为明显。而一旦找到了一个互补性的品牌,那么,通过多个方面对目标群体特征的诠释,就可以形成整体的品牌印象,产生更具张力的品牌联想。互补性品牌之间,也更容易产生品牌联想。跨界营销的好处是可以共同构建一个新的情景体验。即使只是短暂性的一刻,但它们可以在不同的领域进行尝试,兼具实验性和趣味性。

Uber和Airbnb利用自身互联网属性,展开传播活动。这两家互联网企业同时探索共享经济模式,用户群体相似。二者都是共享经济平台,都是追求生活品质的消费,所以在用户群体上有很大的相似程度。他们要求用户对陌生人足够地信任,所以用户往往具有一些先锋和实验精神,不会固守常规,敢于尝试新鲜的事物,而这样的目标受众往往也很容易被创意和情怀打动。

除此之外,Uber和Airbnb寻求的跨界营销,并不单纯追求用户数和交易额。促销成为常规玩法,但并不是亮点,二者得到广泛认可的都是在创意和情感上的突破。诞生于互联网的企业,也热衷于互联网的营销方式,社交网络、热点追踪都增加了他们的持续曝光量。另外,对用户的粉丝营销,培养产品绝对的忠实粉丝是他们格外看重的事情,倡导生活方式,实现平台的价值输出。互联网的快速迭代,迫切要求平台在建立之初就形成鲜明的个性,强势输出价值。让用户找到除产品、服务之外可以信任并且产生共鸣的理由。

第四节　基于公共关系传播的效果考察

作为社会有机体的一个组成部分,在整个大的社会系统内,一个社会组织必定要面对和处理各种社会关系。现代社会组织运作离不开良好的社会环境,组织的发展同样也离不开良好的公共关系。

一、公共关系的概述

自公共关系成为一门学科以来,人们对公共关系的定义所作出的解释一直都没有统一的表述。在介绍公共关系传播之前,首先了解和把握公共关系的一些基本概念,是学习和应用公共关系的基础。

从管理职能上来看,公共关系(public relations,简称PR)处理的是组织与公众的关系,是一个组织运用有效的传播手段,使自身适应公众的需要,也使公众适应组织的发展需要。[①] 这一定义非常清楚地向我们表述了公共关系是由组织、传播、公众这三个要素所构成的。在这三个要素当中，组织是公共关系的主体，公众则是公共关系的客体，而联结主体与客体的中介则是信息传播。这三个要素构成了公共关系的基本范畴，有关公共关系的理论研究、实际操作和运行发展都围绕这三个要素展开。

在公共关系的工作范畴里，公众是取决于特定项目或任务需要的目标受众，人们通常使用"普通大众"这一称呼，但是公关专家会根据目标的不同，将公众进行细分。在以美国为代表的西方社会，企业面对的公众类型通常可以分为如下几种：员工、顾客、股东、社区成员、董事会成员、工会和退休员工。[②]

积极主动的公共关系计划有助于公司与特定目标受众建立持久巩固的关系，这有助于预防危机，并在危机发生时获得目标受众的支持。公共关系计划包括如下几方面：

媒体公关（media relations）：与新闻媒体建立良好的合作关系，可以树立信誉良好、服务专业、产品优质、道德高尚的形象。媒体公关策略不仅包括通过媒体发表新闻稿，还包括进行产品宣传，提供产品资料，发布媒体通告，组织媒体参观，召开记者招待会等。

社区公关（community relations）：与社区的领导层、社区组织、社区中的家庭和普通社区成员建立良好关系。社区公关策略包括成立咨询委员会，提供咨询服务，开放宣传平台，发布定期通知，明确企业社会责任制（CSR，CorporationSocial Responsibility），举办企业展览，设立企业奖学金等。

员工/内部关系（employee/ internal relation）：与员工建立紧密联系的纽带，使员工感觉自己是组织中不可或缺的一部分。员工/内部关系策略包括搭建内部沟通网络，提供实时通信服务，发行内部刊物，使用电子邮件或其他社交媒体进行沟通，开展员工竞赛，表彰优秀员工，派发公司礼物，等等。

消费者公关（consumer relations）：完善退货政策，组织消费者参观，销售高质量商品，派送公司广告，制作宣传海报，开展开放日活动，提供咨询服务，介绍商品知识，成立投诉部门，等等，旨在确保公司和消费者之间交流畅通。

此外，公共关系计划还有其他类型，例如政府公关、劳工公关、国际公关、投资者公关及其他公关等。组织依赖这些关系得以生存，因为这些关系成员与组织息息相关。

二、公共关系传播的类型

公共关系旨在避免组织的不良形象，塑造或加强组织的良好声誉。通常，组织担心形象受损，或成立公关部门，或雇佣公关代理机构，或者两者兼有。在目前的传

---

① 周安华、苗晋平：《公共关系——理论、实务与技巧》，中国人民大学出版社2010年版，第11页。
② 凯瑟琳·弗恩·班克斯：《危机传播——基于经典案例的观点》，复旦大学出版社2013年版，第2页。

播环境中,社会组织利用公共关系策略可以对传播产生相当大的影响,突出的作用包括化解危机和树立形象。

(一)危机传播

一个组织只有在危机事件发生后,才重视公共关系,期望公关能让组织迅速起死回生,这种情况在现今司空见惯。中文里的"危机"一词是"危险"和"机会"的复合词,而英文中"危机"(crisis)一词按照《韦氏英文辞典》的解释是指"有可能变好或变坏的转折点或关键时刻"。这就是说,"危机"是一个具有决定性的阶段,它决定了事态向着更好的还是更糟的方向发展。"危机"这个术语表达的内涵远比"问题"这个单词复杂。与"问题"不同,在危机中,个人容易产生紧张的情绪,大脑容易进入失控状态;由于危机爆发速度过快,在危机中起草一份解决方案的压力是无法想象的,甚至即便有预案,简单地遵循计划,有效实施都十分困难。

从管理学的角度,斯蒂芬·巴顿(Stephen Barton)提出:危机是一个会引起潜在负面影响的具有不确定性的大事件,这种事件及其后果可能对组织的整体形象和声誉,以及其产品、服务、资产等造成一定的损害。所以,危机最能引起人们注意的是事件本身所能带来的影响,通常以负面影响为主。危机事件会妨碍正常的商业贸易,有时甚至威胁组织的生存。危机的发生与否同组织的类型以及规模大小并没有直接关联。政府部门、跨国公司、独资企业甚至个人都可能突发危机。

危机管理(crisis management)是危机或事件拐点中的战略规划过程,是规避风险和不确定消极因素的管理过程。其旨在确保组织有效控制事态发展并最终实现其使命。危机传播(crisis communications)是指在危机事件的发生前期、过程中期和事态后期,实现组织和其受众群之间的沟通对话。对话需详细说明公司采取的战略和策略,从而将危机造成的损失降到最小。高效的危机管理囊括危机传播,它不仅能够缓和或消除危机,而且有时候能够给组织带来比危机发生前更好的声誉。

库姆斯对"危机传播"的定义是,危机可被视为对某个特殊事件的认知。这一事件影响了组织的表现,也威胁到了各个"利益攸关方"(stakeholders)对该组织的期望。因此,危机具有高度的"认知性"(perceptual)。如果各个"利益攸关方"认为该组织处于危机之中,那么危机就会发生,除非该组织能够成功说服各方危机不存在或已经结束,这恰恰是危机传播的根本任务。简而言之,危机是各个"利益攸关方"一致认为组织做了不合时宜的事情,因而破坏了各方对组织的期望。库姆斯的阐释从传播学的视角切入,用"不同利益相关方对同一事件的理解"揭示了危机的本质,由此凸显政府、企业等组织与公众进行沟通的必要性。

从定义而言,无论如何,危机事件都会扰乱正常的商业流通秩序,所以危机不可能是正常运作的一部分。不过,并非每个危机事件都必然导致灾难性后果,从而使得组织无法继续正常运转。埃克森石油公司自1989年漏油事件以来,就不断陷入一系列危机事件中，直到如今公司还陷于形象欠佳的困境。

2018 年 3 月 17 日，多家英国、美国媒体披露，一家名为"剑桥分析"（Cambridge Analytica）的数据公司，在未经授权的情况下，获取了 Facebook 5 000 多万用户的个人信息，以此设计软件并用于预测、影响选民投票。英美媒体还报道说，"剑桥分析"曾受雇于美国总统特朗普的竞选团队和英国"脱欧"全民公投的"脱欧"阵营。这是 Facebook 自创建以来遇到的最大的用户数据泄露事件。被披露之后，将近 9% 的美国用户删除了自己的 Facebook 账户，用户流失严重威胁到其商业运转。Facebook 的股票在 3 月 19 日经历了近四年来的最大跌幅，市值蒸发 360 亿美元。

Facebook 的成功建立在其庞大的用户群体之上，在这场数据泄露危机中，Facebook 最需要做的是给公众一个解释。在事件曝光的第五天，也就是 3 月 22 日，Facebook 创始人扎克伯格通过其 Facebook 账号发表了首次声明。这则声明很长，还原了事件的来龙去脉，并提供了 Facebook 正在做的和即将采取的补救措施。3 月 25 日，Facebook 在六家英国报纸和三家美国报纸上面刊登了全幅的广告，内容是扎克伯格的道歉信，以此形式为这次的事件向所有 Facebook 用户道歉。

在 4 月 10 日，扎克伯格出席了美国参议院司法和商业联合委员会，以及众议院能源和商业委员会关于数据泄露的听证会。在这长达五个小时的听证会上，面对美国参议院四十四位议员的提问，扎克伯格反复强调 Facebook 的初心和使命，并提出了处理的一系列措施。

从传播的角度分析 Facebook 的这次危机公关处理，有不足之处，也有值得学习借鉴的地方。3 月 19 日，英国的《卫报》和美国的《纽约时报》发布了针对"剑桥数据"的跟踪报道，20 日，BBC 等媒体也加入报道阵营，此时媒体和公众的主要注意力是集中在这家数据分析公司，但是从 21 日开始，关注点发生了转移，媒体在谴责"剑桥数据"的同时开始质疑 Facebook，事态也随之变化。出现这样大面积的数据泄露事故，作为美国乃至世界最大的社交媒体公司，Facebook 有必要承担社会责任。舆论不断向 Facebook 施压，要求扎克伯格出面回应。但扎克伯格在事发后的第五天才做出回应，负面舆情已经发酵，错过了最佳的处理时间。危机传播的时效性至关重要，特别是在时下的新媒体时代，及时回应能给之后的危机处理工作打下比较良好的基础。

在扎克伯格的首次声明中，全文始终没出现"sorry"一词，但是在声明发布不久后更新的 Facebook 中出现了一系列针对用户信息安全所做的措施，体现了 Facebook 坦诚面对危机和公众质疑，直截了当地承认错误，没有太多的解释、辩驳、找理由。

事件曝光后，扎克伯格先后接受了 5 家如 CNN、WIRED 等媒体的采访，他诚恳的态度与及时的媒体曝光不仅收获了良好的公众沟通效果，也控制了危机的蔓延。除通过媒体外，Facebook 还用巨型广告牌致歉，表明了态度，在与受众及时交流、树立品牌信心的基础上，维护了企业自身的利益。

危机的扭转出现在听证会上,扎克伯格一改以往 T 恤加牛仔的形象,西装革履,语言正式,态度端正。随着听证会的结束,Facebook 当天股价上扬 4.5%,第二天延续涨势,股价收高 0.78%,增值约 30 亿美元,创了危机发生两周后的新高。任何产品或服务质量的问题都可以被归结为态度的问题。Facebook 可以站在其他相关利益者的角度思考问题,并提出了对信息泄露事件的补救措施,以及大力增加对信息安全方面的投资。

开放性的媒体政策,是指在危机状态下,组织基于媒体的社会角色和表达逻辑,所确立的开放地与媒体打交道、协商报道议程的观念、原则和对策。危机管理者应当制定开放性的媒体政策,与媒体充分对话、有效协商,从而引领议题、达成共识。正视媒体作为挑战者、瞭望者的表达逻辑,善用媒体的议程设置功能,乃是危机传播管理的基本任务。危机管理者应当制定开放性的媒体政策,与媒体充分对话、有效协商,从而引领议题、达成共识。

(二)公益传播

公益传播是指具有公益成分、以谋求社会公众利益为出发点,关注、理解、支持、参与和推动文化事业发展和社会进步的非营利性传播活动,如公益广告、公益新闻、公益网站、公益活动、公益项目工程、公益捐赠等。

公益传播不同于其他类型的公共关系传播,它向公众展示的是组织关心社会、服务社会、回报社会的情怀和强烈的社会责任意识。其诉求内容可以涵盖社会公益的方方面面,能够有效地引发社会公众的心理共鸣和情感交流,获取公众对组织或品牌的好感。

沃尔玛曾发起过一项"为老兵开一盏绿灯"(Greenlight A Vet)的活动,呼吁人们把自己家中的一盏灯换成绿色的灯泡,为的是引起人们对军人退伍后生活的关注,从而帮助美国的退伍老兵顺利地重新融入社会生活当中。沃尔玛单独建立了一个名为 Greenlight 的网站,并注册了相应的 YouTube 频道。沃尔玛以视频的形式向人们介绍退伍军人在回归大众生活的过程中所要面临的特殊挑战。据报道,沃尔玛为这项公益活动投入了 2000 万美元,但是成效甚微。

缺乏号召力是严重阻碍公益传播有效开展的一个重要原因。沃尔玛通过一段视频向人们传递了该活动的核心目的,但是除了在情感上具有一定煽动性,沃尔玛并没有其他交流或者传播的方式。沃尔玛应该在它的官方商业页面添加与"为老兵开一盏绿灯"有关的内容,解释活动的意义,并提醒消费者去关注老兵群体或者支持这项活动。或者,也可以在沃尔玛的社交媒体页面上链入该活动。扩大公益传播的影响范围不仅仅能增加参与人数,更能让参与者感受到自己是在沃尔玛建立的社群中,他们在对的地方,做着对的事,这一点对于公益传播来说格外重要。

在实际操作层面上,沃尔玛发起了这个绿灯泡活动,让大家在自己家中点上一盏绿色的灯，向退伍军人们致敬。作为一个消费者，这不算什么难事，但问题在于，如何才能得到一个不太常见的绿色的灯泡？在沃尔玛建立 Greenlight 网站上没有购买链接，YouTube 频道上同样也没有。作为发起方，沃尔玛应该帮助目标受众真正参与到活动中来。如果想表现得足够智慧，不仅可以提供沃尔玛关于绿色灯泡的链接，也可为消费者提供其他零售商卖绿色灯泡的链接，比如亚马逊，这样做就不再有自我推销的意味了。

相比沃尔玛在上述案例中有限的传播范围以及传播效果，巴西癌症儿童医院（GRAACC）的一次公益传播则要成功许多。虽然在地理位置上，巴西不属于西方社会，但这则案例有不少值得学习分享的地方。

癌症病童因为接受化学治疗而有落发的情况发生，这是他们与一般人在外表上最大的不同，年纪尚轻的小朋友除了得面对生理上的病痛，还有可能遭受到同年龄小朋友的指指点点与排挤、旁人的窃窃私语与异样的目光，这种痛苦是一般人难以体会到的。巴西癌症儿童医院希望鼓励患病儿童接纳自己，避免病童的幼小心灵受到伤害，并教育其他儿童和成人不要用异样的眼光去看待光头的患病儿童，理解脱发是正常的事情，让社会上对光头儿童的偏见能够降到最低。巴西癌症儿童医院邀请卡通漫画家和工作室重新设计了 40 多个卡通人物的光头形象，并制作海报、动画片等。史努比、Hello Kitty、加菲猫、大力水手……超过 40 个人们所熟悉的卡通形象，都变成了光头。同时，这些卡通形象也以这样特殊的"造型"在电视、报纸上进行了播出和刊登。此次活动除了有一系列的图片供大家分享转贴之外，也制作了卡通短片让大家欣赏，制作程序在广播相关频道播放特别插曲，在电视台播放动画短片，在报纸、杂志、网站等媒体曝光相关的漫画海报、漫画书等。这些内容都是光头的卡通人物形象，他们在动画中如平常一样生活，意在向人民传达每个患病的光头儿童并没有什么不同。与社交媒体合作，提供秃瓢卡通人物的头像更换，带动更多人一起加入。

这次活动触及的人数高达 2.3 亿人，覆盖面非常广。据统计，巴西 91％的社交媒体参与并支持了这次活动。用户通过分享视频、下载海报、更换个人头像、展开话题讨论，积极参与到这次活动中。1.2 亿人在社交媒体上更换了秃瓢卡通人物作为头像。此次活动得到了很多媒体的报道，甚至连巴西总统都在 Twitter 上参与了这次活动。很多自媒体和漫画家都自发参与到活动中，得到了很多零预算的媒体传播。这是一次非常成功的社会事件，事件传播效果显著。该活动于 2013 年在巴西成功推广后，于 2014 年推广到了全世界。在这项活动中，没有提及任何关于癌症或病患的内容，却在无形中给那些因病魔而失去头发的孩子们以最温暖的力量。

附 录

美国环境保护署关于风险/危机传播的七项基本原则①

原则一：让公众成为危机管理的合作者

在民主社会中，危机传播要遵循两个基本宗旨：首先，所有个人和社区都有权力参与那些影响他们生活、财产、价值观的决策活动。其次，危机传播的目标不应该是转移公众对危机的关注或劝服他们无所作为，而是应该告知公众真相，让他们主动参与到危机处理的工作中来，表现出积极合作的态度。

行动指南：在制定重要决策之前，要让个人和社区尽早参与进来，尊重公众的意见。不仅仅要让公众了解危机的严重程度，还要说明危机与公众有何关系，要让公众感到危机管理与自身的利益息息相关。危机传播的最终目的是赢得公众的信赖。

原则二：周密筹划和认真评估

危机传播虽然应当遵循一定的基本原则，但根据传播目标、媒体和受众的不同，我们仍然需要制定不同的策略。危机传播的成功取决于周密的筹划和认真的评估。

公众行动指南：从最简单、最清晰的目标做起，比如给公众提供信息，安抚公众情绪，鼓励公众进行自我保护，调整行为习惯，等等。

对危机中的一些技术性因素进行评估，搞清其优势和劣势所在。在受众当中确定一些能够协助政府进行危机管理的群体和一些有特殊需求的群体，对这些群体进行有针对性的传播。

选拔口头表达和人际交往能力过硬者担任新闻发言人。对政府部门的有关人员（包括从事专业性和技术性工作的人员）进行传播技巧的培训。对发布的重要信息，事前要在小范围内做传播效果的检验；事后要对危机传播的全过程进行认真评估，总结经验，吸取教训。

原则三：倾听受众的诉求

危机发生时，公众所关注的并不仅仅是伤亡者的数目或是其他反映灾难破坏力的统计数字，他们更关注的是政府部门是否可靠，是否有能力控制局势，是否表现出同情和关注。如果人们觉得他们的声音没有被政府听到，那么他们可能也不会去听取政府的任何建议和意见。因此，有效的危机传播一定是双向的。

行动指南：不要武断地猜测危机爆发后公众知道什么、想到什么和想做什么。可以采用个别访谈、召开座谈会、设立免费电话热线和民意调查等手段，搜集公众的意见。"换位思考"也是很重要的，多了解公众的感受，多从公众的角度考虑问题。通过危机传播来了解不同社群在政治和经济上的诉求、文化习俗及语言特征，这对

① http://www.epagov/publicinvolvement/pdf/risk.pdf。

进行有效的危机传播都是非常重要的。

原则四：坦诚和开放

有效的危机传播需要由一个值得信赖的信息传递者来完成。因此，危机传播的首要目标就是建立政府部门的公信力和可信度。要想获得信任就不能朝令夕改。获得短期的信任比较容易，只需要通过使用各种传播手段（如言语传播和非言语传播）来达到。长期的信任则要通过具体的行为和表现来获得。作为政府部门的信息传递者，发言人最重要的品质是信誉。赢得公众的信任需要一定的努力，一旦失去，很难再获得。

行动指南：可以向公众阐明自身的优势和业绩，但不要直接要求公众的信任。如果问题的答案还不清楚，承认这一事实，并且保证尽快提供对方满意的答案。如果发现错误，要及时纠正，及时向公众阐明危机可能带来的风险，同时留有一定的余地，不要缩小或者夸大风险的严重性。如果信息本身带有一定的不确定性，尽可能多地给公众提供信息，把存在的优势和劣势如实告诉公众，这样公众才不会觉得你在故意隐瞒什么。

原则五：与其他可以值得信赖的信源合作

有效的危机传播通常借助于各个部门之间共同的协调和合作。危机传播中面临的最大困难是出现不同的声音。如果政府部门发布的信息彼此互相矛盾，那么危机管理便无从谈起。

行动指南：危机传播还应包括组织内和组织间的传播与交流。政府部门应当竭尽所能与其他权威信源如专家学者、地方官员以及各个社群的"意见领袖"，也包括网络社交媒体上的活跃分子建立联系，他们可以成为危机传播的权威信源，同时政府部门也可以选择与他们联合发布信息，从而增强传播效果。

原则六：满足媒体的需要

危机期间，媒体是信息的主要传递者。媒体既能够设置公众议程，也能够影响危机传播的后果。要了解媒体运作的一些特殊规律：它们对危机的政治意义的关注往往会超过对危机本身的关注；它们喜欢政府部门发布的言简意赅的信息，不喜欢长篇大论；它们会不停地寻找各种问题和错误，作为"新闻点"。

行动指南：对所有的记者保持合作的态度。了解并尊重媒体的截稿时间。尽量为各种媒体提供它们所需要的媒介"产品"，比如为印刷媒体提供新闻通稿，为广电媒体提供同期声和音像资料等。接受采访之前，要与记者商议具体的主题，并在采访过程中始终坚持这些主题。提前准备几条有说服力的正面信息，在采访过程中反复抛出。可以为记者提供一些相关的背景材料，但不要做推测或假定。受访时只说那些你愿意重复和应该重复的话，确保受访的所有内容都记录在案，尽量使采访简短。受访后要追踪记者的报道，与一些值得信赖的记者和编辑建立起长期的伙伴关系。

原则七：言语清晰、饱含同情

使用专业术语可以显示政府官员的义务素质，但是对以媒体和公众为主要对象的危机传播而言却是很大的障碍。危机爆发时,媒体和公众没有心思听那些枯燥的数字和专业术语,这时候通俗易懂、表达关爱的言语更有说服力。

行动指南:使用清晰的、非技术性的语言,尽量适应危机发生地的受众语言习俗。尽量简短,但又尽可能多地向公众提供需要的各种信息。多用图片等来说明问题。多使用"人性化信息"比如故事、案例以及趣闻逸事等,使技术性很强的信息鲜活起来,在描述伤亡和疾病等主题时,避免使用一些抽象的、不常见的,或没有任何感情色彩的词语。通过言语和行动对公众的恐慌、焦虑、无助等情绪做出回应。在谈及危机可能带来的风险时,可以采用比照的方法,帮助公众对所面临的各种风险的严重性作出评估。多使用"行动性信息",即向公众阐明即将或可能采取的行动。要向公众阐明政府接下来会采取的措施和公众将会得到哪些救助。要清楚明确地告知公众:伤亡和疾病是令人痛心的,却是可以避免的。

第六章　西方社会组织在新媒体时代的机遇与挑战

本章将探讨新媒体时代西方社会组织面临的机遇与挑战,重点阐述大数据与大数据营销对社会组织的影响以及虚拟现实在场景营销以及多元应用领域的探索,为社会组织的发展提供新的视野与思路。此外,本章还将探讨大数据以及虚拟现实可能涉及的隐私问题以及伦理边界问题,力图在商业开发与法律道德之间寻找到新的平衡。

第一节　大数据与大数据营销

现在的社会是一个高速发展的社会,科技发达,信息流通,数据已经渗透到当今每一个行业和业务职能领域,成为重要的生产因素,大数据就是这个高科技时代的产物。大数据在物理学、生物学、环境生态学等领域以及军事、金融、通信等行业存在已有时日,却因为近年来互联网和信息行业的发展而引起人们关注。

一、大数据的特点

随着大数据的兴起,这个概念不再是一个抽象的专业名词,再加上智能手机的普及,它已经无孔不入地渗透到生活的方方面面,成了我们这个时代一个显著的特征。然而,当"大数据"成了无处不在的宣传口号、广告名词时,其定义变得有些混乱。

今天,所有"记录"的结果,无论是图像还是音频,甚至包括文字,只要是信息的载体,似乎都能被统称为数据。作为一个概念,数据的内涵扩大了。在传统意义上,数据是人类对事物进行测量的结果,是作为"量"而存在的,可以称为"量数";而在时下社会生活中所产生的照片、视频、音频不是源于测量,而是源于对周围环境的记录,是作为一种证据、根据而存在的,可以称为"据数"。

举一个例子,大数据＝传统的量数＋现代的据数[①],量数来自测量,如某地气温

---

① 涂子沛:《数文明》,中信出版社 2018 年版。

28℃,据数源于记录,如某地的一张照片。

量数虽然比据数更接近"数",但从历史上看,据数的出现要早于量数。人类早期对自身活动的记录,即"史",就是早期的据数,也可以说,据数是历史的影子。量数则是在记录的实践中慢慢产生的,特别是针对天空、星体、山川等外物的记录,它们追求精确,于是我们逐渐延伸出测量工具和行为。一切科学都源于测量,量数是否充沛,决定了科学的种子何时萌芽,决定了科学是否发达,也可以说,量数是科学的母亲,其核心要义是精确。

有了以上关于"数据"概念的了解,重新看待"大数据"时就能联系到它的构成及内涵,在理解上不会过于抽象或者片面,在操作层面也可避免不切实际。

大数据不仅用来描述大量的数据,更特指数据的发展形式、数据的时间特性、数据分析的复杂程度等,基本特征可以概括为 5 个 V[①],即数据体量大(Volume)、数据类型多(Variety)、价值密度低(Value)、处理速度快(Velocity)、准确性(Veracity),这5 个 V 可以将大数据与传统数据区分开来。

(一)数据体量大

数据体量大比较容易理解,指无法在一定时间范围内用常规软件工具进行捕捉、管理和处理的数据集合,是海量、高增长率和多样化的信息资产。

麦肯锡对大数据的定义就是从个体数据集的大体量入手的:大数据是指那些很大的数据集,大到传统的数据库软件工具已经无法采集、存储、管理和分析。传统数据库有效工作的数据大小一般来说在 10~100 TB,因此 10~100 TB 通常成为大数据的门槛。从数量级别的角度定义,大数据的体量已从 TB 级规模(1TB=1024GB)跃升到 PB 级别。其实这种方法未必科学,对于非结构化数据的存储来说,本来就跟数据库无关,而且传统文件系统能够处理的数据量往往受限于元数据而非原始数据大小,因此能处理的上限比数据库要高。

从数据的类别上看,"大数据"指的是无法使用传统流程或工具处理或分析的信息。它定义了那些超出正常处理范围和大小、迫使用户采用非传统处理方法的数据集。亚马逊网络服务(AWS)、大数据科学家 John Rauser 提到一个简单的定义:大数据就是任何超过了一台计算机处理能力的庞大数据量。

(二)数据类型多

数据来自多种数据源,数据种类和格式日渐丰富,已冲破了以前所限定的结构化数据范畴。数据类型的多样性让数据分为结构化数据和非结构化数据。相对于以往便于存储的以文本为主的结构化数据,非结构化数据越来越多,包括网络日志、音频、视频、图片、地理位置信息等,这些多类型的数据对处理能力和分析能力提出

---

① 阳翼:《大数据营销》,中国人民大学出版社 2017 年版,第 25 页。

了更高的要求。

从另一个维度上看，数据的多样性又表现在数据来源和用途上。拿卫生保健数据来讲，大致有药理学科研数据、临床数据、个人行为和情感数据，就诊、索赔记录和开销数据四类。

（三）价值密度低

价值密度的高低和数据总量的大小成反比，以视频为例，一部 1 小时的视频，在连续不间断的监控中，有用数据可能仅有一两秒。随着互联网以及物联网的广泛应用，信息感知无处不在，信息海量，但价值密度低。价值密度的概念也可以在信息传播中找到对应，无效信息和垃圾信息充斥着人们的生活，有价值的信息是有效传播的关键。

如何挖掘数据价值是大数据时代最需要解决的问题。但是目前还没有可以明显提高价值密度的方法，就算是用算法也只能提高价值感知的效率，价值密度是外生的，不在信息感知的系统里面，因此没法通过技术提高。

（四）处理速度快

数据增长速度快，处理速度也快，时效性要求高，这是大数据不同于传统数据挖掘的最显著特征。在数据量非常庞大的情况下，也能够做到数据的实时处理。比如，搜索引擎要求几分钟内的新闻能够被用户查询到，个性化推荐算法要求尽可能实时完成推荐。

当面临同样体量的数据库时，挖掘价值的效率是一个组织不可或缺的竞争优势。Zara 与 H&M 拥有相似的大数据供应，但在数据处理方面，Zara 以"快"胜出，从而能以比 H&M 更高效的方式更新自己的产品线。有关 Zara 与 H&M 在大数据应用方面的对比分析，可以在本节第二部分的"算法技术与应用现状"找到详细阐述。市场中的不同组织如想要最优化地利用大数据，就需要快速地从各种类型的数据中获取有价值的信息。而与现代生活紧密相连的电子商务更加追求"快"的价值，从点击流（clickstream）、浏览历史和行为（如放入购物车）中实时发现顾客的即时购买意图和兴趣。

（五）分析准确性

数据分析的准确性是利用大数据的关键。如果数据源发生了偏差，得到的分析结果往往是不准确的。如果用错误的数据指导营销、传播，不但不能提高效率和降低成本，反而浪费时间和金钱。

2008 年，谷歌第一次利用大数据工具"谷歌流行趋势"预测流感取得了很好的效果，比美国疾病预防控制中心提前两个星期预测到流感的爆发。2014 年，Lazer 等学者在《科学》发文报告了"谷歌流行趋势"近年的表现。2009 年，"谷歌流行趋势"没有能预测到非季节性流感 A－H1N1；从 2011 年 8 月到 2013 年 8 月的 108 周里，"谷歌流行趋势"有 100 周高估了美国疾病预防控制中心（CDC）报告的流感发病率。在 2011—2012 年度，"谷歌流行趋势"预测的发病率是 CDC 报告值的 1.5 倍多；到了 2012—2013 年度，GFT 流感发病率已经是 CDC 报告值的两倍多了。尽管谷歌不断调整算法，但仍不能保证结果的准确性。事后发现是数据源出现了问题。这是因为 2008 年"谷歌流行趋势"的成功引来很多网友在网上搜索相关关键词，而谷歌的预测恰恰是基于搜索引擎上的关键词，关键词的增多导致数据无法真实反映流感趋势，但错误信息同样被计算在内，造成了严重的结果偏差。

二、大数据营销的概述

（一）大数据的价值

每当飓风来临之际，美国的沃尔玛超市都会将手电筒和蛋挞摆在一起出售，这是因为通过大数据分析沃尔玛的经营数据，季节性飓风来到之前，手电筒和蛋挞的销量都会大幅增加。生活经验和常识会告诉我们，恶劣天气会影响出行、用电，家中需要提前备好应急设备和食物。但是大数据可以更快、更准确地找出飓风、手电筒、蛋挞之间的联系。

"购物篮分析"是最具优势的大数据分析技能，其中最经典的就是关联产品分析：从父亲下班后采购的"啤酒加尿布"，到飓风来临时的"馅饼加手电筒"等有定期消费规律的产品。值得注意的是，此"购物篮"并非顾客拎着的实体购物篮，而是指消费者账单上的物品集合。

今天的数据是以个人为主体的，这些数据也是个人生活在数据空间的镜像。个人数据已经成为互联网上最大的金矿，这座金矿已经被各大互联网公司开发、占有。在一切业务数据化的基础之上，互联网公司在向"一切数据业务化、利润化"冲刺，它们的终点线是让所有收集到的数据产生业务价值，或者说商业利润。

数据如何产生利润？目前主要有两大模式：一是广告，二是信用。首先，通过记录消费者不断产生的数据，监控消费者在互联网上的所有举动，互联网公司以广告的形式给消费者提供符合其动态和偏好的产品或服务；其次，互联网公司通过数据评估消费者的信用，从后续的金融服务中赢利。因为这两种商业模式，消费者个体就成为被观察、分析和商业监测的对象，这是历史上人类第一次大规模地让渡自己的生活和隐私来成全商业模式。

这些数据一经产生，就脱离了自己的母体，被互联网公司所掌握。这也是今天最大的矛盾：掌握个人数据的居然不是个体本身，而是各种互联网平台和公司。个体作为这些数据的提供者，竟然对自己的数据没有一丝一毫的控制能力，这不能不说是一大奇怪的现状。

基于以上提到的两种商业模式，大数据最常见的应用场景也可以归纳如下：

一是精准营销，即互联网广告业。和传统的广告业相比，今天的互联网和智能手机通过记录消费者不断产生的数据，可以向终端用户推送个性化的广告，这大大提高了行业效率。这是大数据革命在商业领域的起源。这也是目前互联网企业，无论是中国的BAT（百度、阿里巴巴、腾讯），还是美国的Google、Facebook、亚马逊最主要的赢利途径。

二是商业和社会信用，其主体是金融机构。除了精准营销，这是利用大数据赚钱的第二个法门，也是我们看到诸多互联网企业陆续进入金融领域的原因。其商业模式是，通过消费者的消费记录评估消费者的信用，从后续的金融服务中赢利。例如阿里巴巴旗下的"芝麻信用"和腾讯旗下的"微粒贷"，它们在给消费者打"信用分"的基础上，向单个消费者提供贷款等金融服务。

互联网的价值在于用户的每项行动都会创造一条与之相随的数据。通过自己的网站收集的数据，有助于不断完善自己的工作，提高反应率，并使内容的传播实现最大化。网络驱动的营销活动的一个优势是能够生成大量的数据，而且是实时的。然而，很多组织传播者却忽略这些数据。让数据成为传播的向导，明确哪些具体的数据能够证明项目在朝着目标前进；如果失败了，利用数据查明原因。对于海量数据的挖掘和运用预示着新一波生产率增长和消费者盈余浪潮的到来。

但是，和数据的收集同样重要的是公司对于这些数据所蕴含的价值的认识。仅仅是积累了海量的有关已有顾客和潜在顾客的数据并不能确保整合成功，而且也不一定能够引领企业获得高质量的顾客洞察。企业在制订传播活动计划时究竟如何评估各种不同数据的有用程度，投入更多的分析资源来充分地理解这些数据，这是小数据和大数据的共同之处。

（二）大数据营销的特征

数据在"大数据时代"到来之前一直客观存在，只是因为互联网技术，数据的应用价值被最大限度地挖掘、利用。同理，基于数据分析而开展的营销活动并非是"大数据时代"的产物，但收集与处理的方式并不具有互联网技术的特性。

传统的数据营销是基于市场调研中的人口统计数据和其他用户主观信息，包括生活方式、价值取向等，来推测消费者的需求、购买的可能性和相应的购买力，从而帮助企业细分消费者、确立目标市场并进一步定位产品的营销模式。

传统的数据营销较常通过市场研究来收集和使用数据，这些数据包括顾客满意度数据、一手的态度方面的数据和认知研究结果、地域和人口统计方面的数据，以及传播活动前后所进行的研究所得的数据。此外，在运营过程中也会注重数据的采集，比如交易数据、客户服务报告、销售线索数据等。

基于小数据的市场营销是负责面向市场开展广告活动，提升品牌传播和产品认知。而如今，广告代理的KPI正在发生变化，广告主不只追求曝光量，还要效果，而效果与销售量挂钩，广告营销与市场销售之间的联系变得越来越紧密。这就迫切需要广告公司能够利用大数据让广告投放更精准、高效。与传统的方式相比,大数据营销从产生数据、聚集数据、分析数据到最后利用数据具有多平台、个性化、时效强、高效率这四个明显的特征。

大数据营销的数据来源是多方面的,多平台的数据采集使信息更加全面和准确。多平台数据采集的途径有 PC 互联网、移动互联网、智能电视以及各种传感器等,在谋求各平台间的内容、用户、广告投放的全面打通,以期通过用户关系链的融合、网络媒体的社会化重构,为目标群体带来更好的精准营销效果。目标受众数据的来源范围非常广泛,而且其类别也非常多样,包括了人口统计数据、交易数据、态度数据、顾客满意度数据以及辛迪加数据。

与传统营销的广撒网不同,大数据营销的针对性更强,通过分析、处理数据,可以了解目标群体身处何地、关注何种信息、喜欢什么、偏好如何,从而实现量身定制的个性化传播,并以此鼓励客户参与、优化营销效果。除了兴趣偏好上的个性化处理,商家能根据时间和位置数据,向处在特定时间、特定地点的消费者有针对性地推送信息,传播精准,还可以根据实时的效果反馈,及时调整策略,最大限度地减少营销传播的浪费,实现高效率传播。

数据驱动的精准营销将颠覆传统营销的决策模式及执行过程,如果商家能根据时间和位置数据,向处在特定时间、特定地点的消费者有针对性地推送信息,传播效果会更好、转化效率会更高。以亚马逊为例,它是利用大数据的佼佼者,公司保存每位客户搜索、购买及其他几乎所有可用的信息,通过运用算法将该客户的信息和其他所有客户的信息进行比对,为其呈现出非常精准的商品购买推荐。此外,在Facebook 的定向广告及其他个性化推荐业务中,大数据都起着关键性的支撑作用。

移动互联网时代,消费者面对众多选择,其消费决策极易在短时间内发生改变。时间营销策略,让消费者在做购买决策的时间段内及时接收到商品广告。大数据营销能帮助企业及时掌握目标群体的需求及其变化趋势,从而提升营销的时效性。

对于组织的传播,大数据可以帮助组织发现新客户、新市场、新规律、新策略,回避经营风险,及时调整及优化传播方案。如何利用大数据技术实现更大的传播价值和效果,是值得每个领域的社会组织不断思考和探索的。在开展传播活动的过程中,尽量全面收集关于传播者的人口统计信息,年龄、性别、地理位置等。找到这些信息后一定要录入数据库,观察有哪些趋势。如果看到明显的趋势走向,可能需要据此调整营销工作,比如,增强对目标群体的影响,看一下这种趋势是否会继续。

(三)算法技术与应用现状

在很多人看来,"算法"这个词意味着神秘莫测的谋划与操作,与大数据、大政府、大企业有密切的联系,正在逐渐变成现代社会基础架构中一个越来越重要的部分。其实,算法指的就是解决问题的一系列步骤,其含义远不限于计算机,存在的历史也远远长于计算机①。在数学和计算机领域，算法是为了解决一类问题的准确而完整的描述。算法可以是计算、数据处理、自动推理或其他的任务形式。

计算机科学家思考的问题，或者说算法可以处理的问题，例如处理器在执行用户请求时应该如何分配"注意力"，才能降低费用、节省时间？在什么情况下应该在不同任务之间来回切换？刚开始应该接受多少任务量？如何利用有限的存储资源取得最佳效果？应该收集更多数据，还是根据已收集的数据采取行动？由此可见，今天的算法设计不仅需要借助计算机科学、数学和工程技术，还需要得到统计学、运筹学等相关领域的帮助。此外，我们不仅需要考虑计算机算法设计与人类思维活动之间的关系，还需要认真研究认知学、心理学、经济学等学科。

美国的大数据与算法技术的研究和应用一直走在世界前列，大数据作为新兴产业得到了国家战略的支持，大数据营销已成市场主流。调查显示，在美国400家从事营销传播的公司中，54%的企业已投资大数据，其中61%的投资企业获得了可观的经济回报。

ZARA公司的系统依赖于整个供应链中频繁的数据共享与交互，对于数据的响应及有效应用决定了商品的竞争优势。在ZARA的门店里，每个角落、柜台都装有摄像机，门店经理随身带着iPad，便于记录顾客的意见，如衣服图案、扣子大小、拉链款式等。门店经理将信息汇总并上传到ZARA内部全球资讯网络，每天至少两次将信息传递给总部设计人员，由总部作出决策后立即传送到生产线，调整完善产品样式。

2010年，ZARA同时在六个欧洲国家设立网络商店，增加了网络海量资料的串联线。2010年，ZARA分别在美国、日本推出线上商店，特别强化了双向搜索引擎、资料分析的功能。除了收集意见至生产端，让决策者快速找出目标市场外，还为消费者提供更个性化的时尚信息，让双方都能享受到大数据带来的好处。

据统计，网络商店为ZARA增加了至少10%的营收，整个大数据营销流程十分通畅，颇有成效②。H&M公司对大数据营销也投入了极大的热情，但获得的反馈很一般。这是因为虽然H&M也利用了所收集的各区域市场的顾客意见，但由于H&M的产地分布在亚洲及中南美洲各地，增大了生产和经营环节适应大数据决策的时间成本，而H&M又没有采用有效措施缩短跨国沟通的时间，最终无法及时改进设计和营销策略。

三、操作工具简介

Google Analytics(Google.com/analytics)是Google为网站提供的数据统计服务。可以对目标网站进行访问数据统计和分析，并提供多种参数供网站拥有者使

---

① 布莱恩·克里斯汀、汤姆·格里菲思：《算法之美：指导工作与生活的算法》，中信出版社2018年版，第1页。

② 托马斯·马博兰：《大数据产业革命：重构DT时代的企业数据解决方案》，中国人民大学出版社2015年版，第78页。

用。这是一款免费的网站分析服务，功能非常强大，只要在网站的页面上加入一段代码，就可以提供丰富详尽的图表式报告。

作为一款大数据分析工具，Google Analytics 能够提供关于你的网站的更多数据。可以跟踪与网站相关的大量数据，其中包括：访问量——包括浏览次数、独立访问量、平均停留时间、总页面浏览量、浏览多个页面的访客所占的比例、新访客所占的比例；来源——流量来源于什么网站，人们使用什么关键词找到你的网站，他们使用的什么搜索引擎；内容——包括每个单独的页面有多少访问量、主要的登录页、主要的跳出页等。

并且，能够在指定的日期范围内查看每项数据。如果想使用更高级的功能，Google Analytics 还允许设置自定义"目标"来追踪某个特定的路径。例如，访问你的主页的访客中真正完成注册的访客所占的比例，或者访问某个产品页面的访客中真正购买的人所占的比例。Google Analytics 可以显示人们如何找到和浏览网站以及可以通过哪些方面合理改善访问者的体验，从而提高网站投资回报率、增加转换，在网上获取更多收益。

Google Analytics 的设计缺陷在于没有将特定的数据与具体的个人联系起来。它可能会告诉你某个页面有 818 个访客，但不会告诉你这 818 个人是谁。它可以告诉你这些人当中有 21% 的人是回头访客，不过不会告诉你他们都是谁。它可以告诉你一封邮件中的某个链接吸引了 917 次点击，但不会告诉你点击它的人都有谁。

如果想提高数据的针对性，并且在这一层面上对人们进行追踪，在预算允许的范围内，可以选择"一体化"后端系统——将页面托管、电子邮件和数据库融为一体的系统，如 Salsa(SalsaLabs.com)。当有人在你的网站上注册时，后续活动会同步到一个统一的记录中。因此，如果"约翰·怀特"在你的网站上注册，他就会快速进入你的数据库。当你向这一数据库发送邮件时，系统会自动追踪哪一封被约翰·怀特收到了。如果约翰·怀特点击这封邮件中的链接，这一情况就会被输进他的记录里。最后，当约翰·怀特再次访问你的网站时，你就能够对他表示欢迎了。不过，当电子邮件、网络和数据库系统相互独立时，同步数据就很困难了，需要一个连接系统的技术方案，这样数据就能够实时地来回流动，系统也能够对数据做出回应。

第二节　虚拟现实的开发与利用

一、虚拟现实的概述

虚拟现实(Virtual Reality，VR)，也可以叫作人工环境，在 20 世纪 80 年代初提出，是一门建立在计算机图形学、计算机仿真技术、人机接口技术、传感技术、多媒体技术等基础之上的交叉学科。虚拟现实技术是一种仿真技术，可以生成虚拟的、融

合多源信息的三维立体动态情境,人们带上 VR 眼镜后所看到的景象全部是虚拟的,
是与现实环境相隔绝的,但给人们的感觉就像真实世界一样。

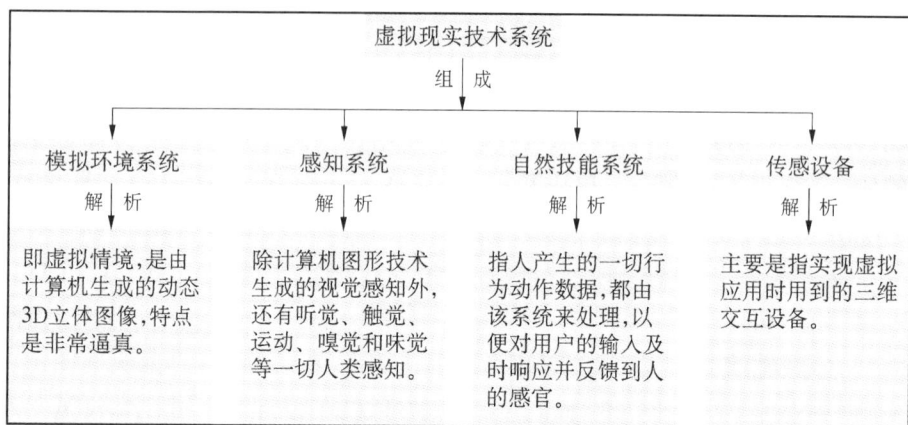

虚拟现实技术一改人与机器之间枯燥、生硬、被动的状态,给人们带来立体的感
官享受,真正实现了人机交互。虚拟现实技术系统由模拟环境系统、感知系统、自然
技能系统、传感设备组成。

(一)虚拟现实技术的发展

虚拟现实技术的发展历史大体上可以分为四个阶段:

第一阶段是在 1963 年以前,主要是"声形动态"的模拟,其中蕴含了虚拟现实的
精神。

第二阶段是在 1963—1972 年之间,这个阶段虚拟现实开始萌芽。

第三阶段是在 1973—1989 年之间,在这个阶段,虚拟现实的概念形成,理论也展
现出雏形。

第四阶段是在 1990 年之后,虚拟现实的理论进一步完善,虚拟现实技术开始得
到应用。

以上关于虚拟现实技术发展的四个阶段只是大体上的分类,我们还可以通过一
些具体的事件来看虚拟现实技术的发展情况:

1962 年,美国电影摄影师 Morton Heiling 申请了 Sensorama Simulato 的专利,
Sensorama Simulato 是世界上第一个多感知仿真环境的 VR 视频系统。

1965 年,Sutherland 在《终极的显示》论文中,首次提到了交互图形显示、力反馈
设备以及声音提示的系统,这就是虚拟现实系统的基本思想。

1968 年,"虚拟现实之父"Lvan Suther Iand 研发出了一种头盔式的显示器和位
置跟踪器,这种头盔式的显示器具有视觉沉浸感和跟踪功能。

1970 年,第一个功能齐全的头戴式可视设备(Head Mount Display,HMD)系统
出现。

到了 20 世纪 80 年代,美国开展了有关虚拟现实技术的研究,并取得了一系列成

就,引起了人们对虚拟现实技术的广泛关注。

1984 年,美国研究中心开发了用于火星探测的虚拟环境视觉显示器,构造出了火星表面的 3D 虚拟环境。

到了 20 世纪 90 年代,随着计算机技术的迅猛发展,人机交互系统也开始不断地创新和完善,于是虚拟现实技术开始进入商业化运营,但由于此时的虚拟现实技术还不够成熟,因此,市面上的虚拟现实系统主要以探索为主。[1]

如今,虚拟现实技术正在进入成熟期,虚拟现实技术在现实生活中的应用也越来越广泛。

（二）虚拟现实技术的特征

虚拟现实技术是多种技术的结合,具有存在性、交互性、创造性、多感知性等四大特征。

（1）存在性。虚拟现实技术是根据人类的各种感官和心理特点,通过计算机设计出来的 3D 图像,它的立体性和逼真性,让人一戴上交互设备就如同身临其境,仿佛与虚拟环境融为一体,最理想的虚拟情境是让人分辨不出环境的真假,让人如同置身于真实的情境中。

（2）交互性。虚拟现实中的交互性是指人与机器之间的自然交互,人通过鼠标、键盘或者传感设备感知虚拟情境中的一切事物,而虚拟现实系统能够根据使用者的五官感受及运动,来调整呈现出来的图像和声音,这种调整是实时的、同步的,使用者可以根据自身的需求、自然技能和感官,对虚拟环境中的事物进行操作,这种自然交互的总结如右图所示。

（3）创造性。虚拟现实中的虚拟环境并非是真实存在的,它是人为设计创造出来的。但同时,虚拟环境中的物体又是依据现实世界的物理运动定律而执行动作的,例如虚拟街道场景,就是根据现实世界的街道运动定律而设计创造的。

（4）多感知性。在虚拟现实系统中,通常装有各种传感设备,这些传感设备包括视觉、听觉、触觉上的设备,未来还可能发展出味觉和嗅觉的传感设备,除了五官感觉上的传感设备之外,还有动觉类的传感设备和反应装置,这些设备让虚拟现实系统具备了多感知性功能,同时也让使用者在虚拟环境中能够获得多种感知,仿佛身临其境。

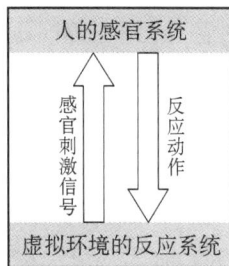

（三）虚拟现实系统的分类

按照功能和实现方式的不同,可以将虚拟现实系统分成四类,分别是可穿戴式、桌面式、增强式、分布式。

---

[1]　卢博:《VR 虚拟现实:商业模式＋行业应用＋案例分析》,人民邮电出版社 2016 年版,第 5 页。

（1）可穿戴式虚拟现实系统又被称为"可沉浸式虚拟现实系统"，人们通过头盔式显示器等设备，进入一个虚拟的、创新的空间环境中，然后通过各类跟踪器、传感器、数据手套等传感设备，参与到这个虚拟的空间环境中。可穿戴式虚拟现实系统的优点是让使用者完全沉浸在虚拟环境中；缺点是硬件设备的价格相对较高，难以普及。

（2）桌面式虚拟现实系统主要是利用计算机或初级工作站进行虚拟现实工作，它的要求是让参与者通过诸如追踪球、力矩球、3D控制器、立体眼镜等外部设备，在计算机窗口上观察并操纵虚拟环境中的事物。桌面式虚拟现实系统的优点是结构简单、价格低廉、易于普及和推广，缺点是使用者易受环境干扰，缺乏沉浸体验。

（3）增强式虚拟现实系统是指把真实的环境和虚拟环境叠加在一起，这种系统现在已成为虚拟现实的一个分支，被称为"增强现实"（Augmented Reality，AR）。增强现实是一种将真实世界的信息和虚拟世界的信息进行"无缝"链接的新技术。通过计算机等技术，将虚拟世界的一些信息通过模拟后进行叠加，然后呈现到真实世界的一种技术，这种技术使得虚拟信息和真实环境共同存在，大大地增强了人们的感官体验。

因为是在真实环境中增添或者移除由计算机实时生成的可以交互的虚拟物体或信息，当人们戴上AR眼镜后，看到的全是真实的场景：它把智能计算机设备所产生的"增强"的虚拟数字层套在真实世界之上，看到比以往肉眼看到的世界更"增强"。例如，看你面前的一座商场，肉眼直接看它就是一个建筑，但是戴上AR眼镜后，你能透过砖瓦看到商场中目前的人流、打折信息，还有你上次去买东西缺货的那件商品已经上架了。注意，前提是你本人就在商场前面，这是真实的商场，而不是虚拟的商场。

增强现实技术包含了多种技术和手段：多媒体技术、三维建模技术、实时视频显示及控制技术、多传感器融合技术、实时跟踪技术、场景融合技术。增强现实技术可广泛应用到军事、医疗、建筑、教育、工程、影视、娱乐等领域，它具有以下四个突出的特点：真实环境和虚拟环境信息的叠加、具有实时交互性、在三维空间的基础上叠加、定位跟踪虚拟物体。

（4）分布式虚拟现实系统又称共享式虚拟现实系统，它是一种基于网络连接的虚拟现实系统，是将不同的用户通过网络连接起来，共同参与、操作同一个虚拟世界中的活动。例如异地的医学生，可以通过网络对虚拟手术室中的病人进行外科手术；不同的游戏玩家可以在同一个虚拟游戏中进行交流或战斗。分布式虚拟现实系统的特点包括以下几点：资源共享、虚拟行为真实感、实时交互的时间和空间、与他人共享同一个虚拟空间、允许用户自然操作环境中的对象、用户之间可以以多种方式通信交流。

除了以上四个系统，还有一个概念经常被提起：混合现实，（Mixed Reality，

MR),通过全息图,将现实环境与虚拟环境相互混合,也可以看成虚拟现实和增强现实的结合,取二者所长弃二者所短。延用之前的例子,当你正站在商场前面,戴上MR设备,你可以看到所有打折信息,同时你也可以看这座商场从规划图到修建完毕的整个过程,就如同你参与了修建一样。

(四)虚拟现实技术的研究成果和发展

关于虚拟现实技术在西方的研究成果和发展,主要以美国和英国为例进行阐述。

美国是虚拟现实技术的发源地,其研究水平基本上可以代表国际虚拟现实技术发展的水平,目前美国在该领域的基础研究主要集中在四个方面:感知层面、用户界面、后台软件、VR硬件。其中,美国宇航局的Ames实验室的研究内容主要包括:

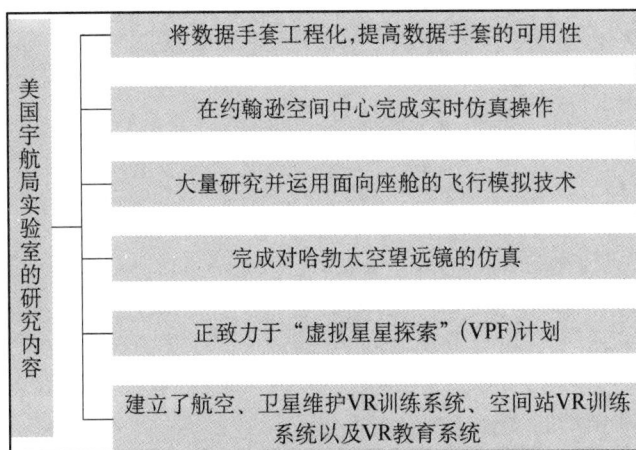

美国宇航局实验室的研究内容	
	将数据手套工程化,提高数据手套的可用性
	在约翰逊空间中心完成实时仿真操作
	大量研究并运用面向座舱的飞行模拟技术
	完成对哈勃太空望远镜的仿真
	正致力于"虚拟星星探索"(VPF)计划
	建立了航空、卫星维护VR训练系统、空间站VR训练系统以及VR教育系统

除了美国宇航局在虚拟现实领域的研究以外,美国各大学也是这方面技术专攻的主力军,展开了深入的研究,四所具有代表性的大学如图所示:

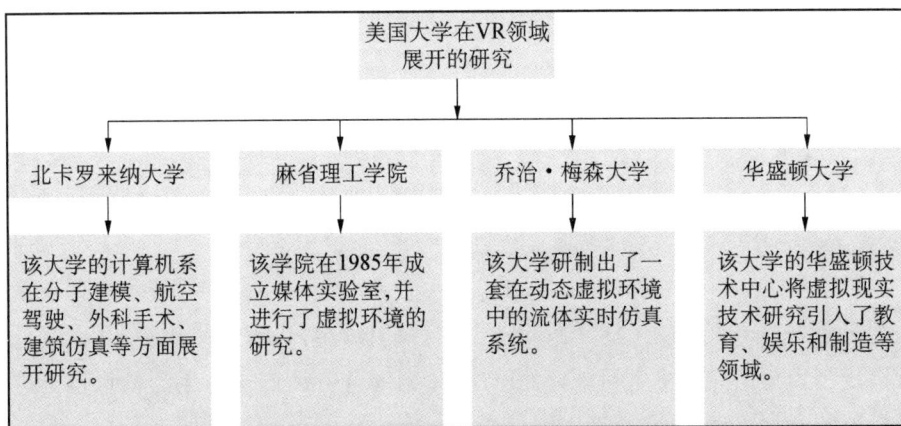

美国大学在VR领域展开的研究			
北卡罗来纳大学	麻省理工学院	乔治·梅森大学	华盛顿大学
该大学的计算机系在分子建模、航空驾驶、外科手术、建筑仿真等方面展开研究。	该学院在1985年成立媒体实验室,并进行了虚拟环境的研究。	该大学研制出了一套在动态虚拟环境中的流体实时仿真系统。	该大学的华盛顿技术中心将虚拟现实技术研究引入了教育、娱乐和制造等领域。

英国主要在分布并行处理、辅助设备(包括触觉反馈)设计和应用研究等方面领先,到1991年年底,英国已经有四个从事VR技术研究的中心,如图所示:

```
                    英国从事VR技术的
                       研究中心
    ┌──────────────┬──────────────┬──────────────┐
    ↓              ↓              ↓              ↓
Windustries   British Aerospace   Dimension      Division LTD
                                 International
    ↓              ↓              ↓              ↓
国际VR界的著名      最有成效的是      是桌面VR的先驱，    在开发系统/模块
开发机构，在工业    Brough分部，该分    已生产了一系列商    化高速图形引擎
设计和可视化等     部在利用VR技术设    业VR软件包，都     中，率先使用了
重要领域占有一     计高级战斗机座舱。   命名为Superscape。  Transputer和i860
席之地。                                          技术。
```

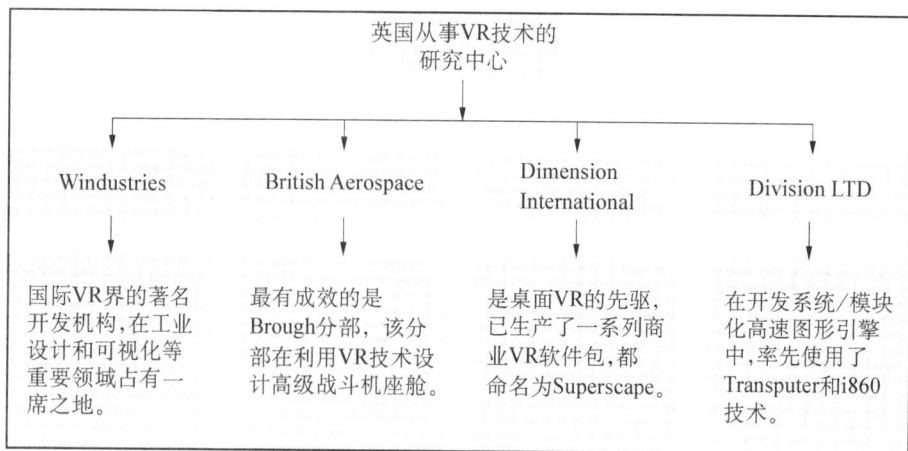

随着虚拟现实方案成本在降低和虚拟现实的商业模式和生态链正在慢慢成熟，虚拟现实技术作为一门科学技术会越来越成熟，并且在各行各业都会得到广泛的应用。

二、场景营销

人们需要一种全新的方式，让品牌能够通过创意和技术的结合进行场景重塑，构建品牌与用户相互对话的新环境，从而加深用户对品牌的深入认知和情感连接。而随着 VR 技术的广泛运用，这种新连接正在被强化，VR 的沉浸式体验让"身临其境"从形容词变为动词，让互动体验从"描述解释"变为"实时体验"。

（一）场景营销的特点

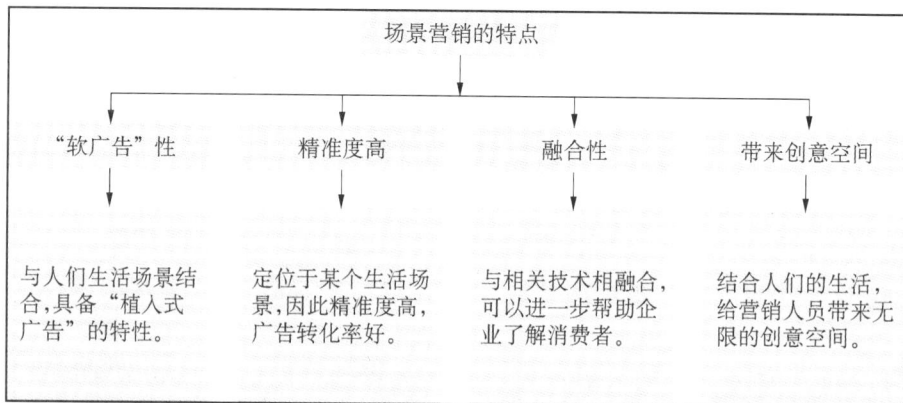

```
                    场景营销的特点
    ┌──────────────┬──────────────┬──────────────┐
    ↓              ↓              ↓              ↓
"软广告"性         精准度高         融合性          带来创意空间
    ↓              ↓              ↓              ↓
与人们生活场景结     定位于某个生活场     与相关技术相融合，   结合人们的生活，
合，具备"植入式     景，因此精准度高，   可以进一步帮助企     给营销人员带来无
广告"的特性。      广告转化率好。      业了解消费者。      限的创意空间。
```

把营销方式与人们的生活联系起来，从而吸引顾客，达到营销的目的，这就是场景营销。场景营销在现实生活中处处可见，紧密结合营销方式与生活场景是推进互联网发展的根本驱动力，虚拟现实则是通过智能可穿戴设备将人们带入一个虚拟的时空，然后在虚拟场景中获得各种真真切切的感受。如果将虚拟现实的场景营销发挥到极致，一定会为商家带来不可估量的价值。

（二）虚拟现实技术的场景营销应用

现实生活中,已经有很多商家开始通过虚拟现实技术进行场景营销战略。

美国歌手 Taylor Swift 在新歌《Blank Space》发布时,制作了一款 360°交互式 App,名叫 American Express Unstaged Taylor Swift。在该应用中,用户可以通过视频以 360°视角看尽《Blank Space》MV 的拍摄场景,还可以在虚拟现实场景中发现各种隐藏的线索,以及一些不为人知的情节以及幕后花絮。这项充满创意的虚拟现实场景营销模式,帮助其在艾美奖中获得了"原创互动节目"的殊荣。

赛百味(Subway)利用虚拟现实进行了一次场景营销,位于伦敦街头的人们,会看到一辆纽约风格的出租车,这场虚拟现实的场景营销的玄机就暗藏在这辆出租车上。当人们拿着赛百味三明治坐进这辆出租车的时候,就能够一边欣赏纽约的风情,一边品尝美味的三明治。都市人生活的快节奏,往往也把快餐店作为了这种"快"文化的标签,为了打破消费者的这种传统消费观,赛百味利用 VR 技术给消费者提供了一种新姿势。这对于长期在高压下工作的人来说,无疑是一种精神上的暂时放松,如此具有噱头的宣传营销方式,在短期内为赛百味集聚了大量的人气与口碑。

Dior 时尚品牌在虚拟现实领域也作出了自己的贡献,先是为虚拟现实创造了一部短片,之后还创造了一款超级虚拟现实头戴设备——Dior Eyes。Dior 时装秀是极度专属的活动,仅特邀观众可以到现场观看,但是通过 Dior Eyes 的虚拟现实技术,用户可以被"传送"到虚拟场景中。通过 Dior Eyes,用户可被"传送"到以下地方:时装秀的前排座位;时装秀的幕后看看模特们正在为上台所做的准备。Dior Eyes 的技术外援包括法国 Digitas LBi Labs 实验室和三星。前者负责制造生产 3D 眼镜的模型,后者则提供了虚拟现实技术的核心技术——Gear VR 和显示用的 Galaxy Note 4。这让佩戴者拥有了 100°广角、515ppi 像素密度的视觉感受,而内置的耳机也会同步配合音效。路易·威登集团发消息说这款 Dior Eyes 虚拟现实设备拥有整合的全息音频、高清晰度的图像分辨率、360°视觉感知效果。

（三）增强现实技术的场景营销应用

法国欧莱雅集团是世界上最大的化妆品公司,创办于 1907 年,是美容行业中毫无疑问的巨头集团。而作为这一集团的同名品牌,巴黎欧莱雅(L'oreal Paris)是欧莱雅集团里知名度最高、历史最悠久的大众化妆品品牌之一,主要生产染发护发、彩妆及护肤产品。

虽然巴黎欧莱雅的实体专柜有专业的彩妆师驻柜帮顾客画上适合的妆容,但对消费者而言,他们在购买商品之前,并不知道使用彩妆后的效果,所以会产生是否要购买的困扰,而并不是所有消费者都有时间前往柜台一一试妆。巴黎欧莱雅需要找到一个在线上购物时代也能让彩妆销售有良好体验的方法。

"Make Up Genius"是一款手机 App,消费者可通过前置摄像头校正面部,自选心仪的化妆品，预览妆后的效果。运用面部精准识别技术，准确捕捉用户的五官轮廓，用户可以在专柜上扫描产品二维码，轻松试妆；如果不在实体店内，也可以方便试妆，只要点击试妆图库中的妆容，校对面容后，便可以从手机中看到上妆后的效果。用户可以将妆容保存为照片储存在手机相册中，还可以通过社交媒体分享给朋友。App 配有购物车功能，用户试到满意的彩妆之后可以直接跳转到巴黎欧莱雅的官方商城购买。

这款 App 捕捉面部 64 个关键数据点和上百个面部表情，可以分辨嘴唇的皮肤和面部的皮肤，还可以识别面部轮廓特征。可以虚拟试用 300 多种化妆品。提供几种特色化妆"滤镜"，为用户化上具有明星特色的烟熏妆或裸妆，滤镜能保持逼真效果。

"Makeup Genius"自 2014 年 6 月 18 日推出后连续四周在苹果 App Store 生活类应用中排名第一，140 万次下载，被分享超过 49.5 万次，截至 2019 年 3 月份，有 2 000 多万人下载了该应用。"Makeup Genius"将试妆和购物环节打通为一体，抓住消费者需求，改善了消费者试妆选购的体验，解决了化妆品一直以来烦琐的试妆过程，大幅提升了消费者的购买频率。

运用 AR 技术的试妆应用的一大特点是实时的妆容体验，突出"试妆"，对消费者而言，不用卸妆就能同时试用不同的产品，大幅减少了试用彩妆化妆品所花费的时间。如今品牌都争先恐后地想要实现与消费者之间的亲密互动，挖掘数字化领域潜力。规模化地开发个性化连接并不容易。它需要转变营销职能，需要新的工作方式。例如，欧莱雅已经聘请了 1 600 名数字专家；此外还有 1.4 万名员工接受了数字培训。

这不是虚拟技术第一次运用在彩妆领域，此前，资生堂、美宝莲也陆续推出过类似的应用。这款应用可以让消费者"试穿"化妆品，将 iPhone 屏幕转换成虚拟的镜子，并生成个人资料。这些新方法使欧莱雅能够直接向消费者销售产品，将流量吸引到商店（从而增加其对零售商的价值），快速测试新产品或内容，并实时从庞大的消费者群体中获得洞见。

三、虚拟现实技术应用的前景

（一）商业应用

虚拟现实设备市场中 77％的利润由来自 Oculus、HTC 和 Sony 所推出的各类价格昂贵的顶尖产品所占据。但是，这三家公司所占的市场规模仅仅只有 13％，而其他价格更为低廉，并且基于智能手机应用的虚拟现实设备则在 VR 产品市场中占据了主导地位。谷歌研发的 Cardboard 正是抓住了市场的空白点，开发出价廉物美的 VR 设备。

虚拟现实技术需要大量的时间、经费、技术背景作支撑，目前市场上只有小部分消费者能承受起高昂的价格。谷歌设计了一个简单的纸板,自己动手,每个人都可以通过安卓智能手机体验 VR,无须昂贵的硬件和开发人员授权就能拥有身临其境的体验。

简易的虚拟现实眼镜,让用户通过手机感受到虚拟现实的魅力。Cardboard 的全套装配只有几块硬纸板、透镜、磁铁、橡皮筋、一部手机,以及 Cardboard 配套应用。谷歌提供了详细的制作说明,不到 1 分钟就可以把整个装置拼好。Cardboard 应用可以将手机里的内容进行分屏显示,两只眼睛看到的内容有视差,从而产生立体效果。通过使用手机摄像头和内置的螺旋仪,在移动头部时能让眼前显示的内容产生相应的变化。应用程序可以让用户在虚拟现实的情景下观看 YouTube、谷歌街景和谷歌地球。

Cardboard 的成功促使谷歌开发更先进的虚拟现实的硬件,2016 年,谷歌宣布增强型虚拟现实平台。线下与厂家进行合作,开发相关定制 VR 内容,进一步推广 Cardboard 使用。借助 Cardboard,谷歌发布了工具套装 VR Toolkit,帮助开发者将自己的服务和应用与 Cardboard 相结合。谷歌 Cardboard 平台应用下载量突破5 000万次,超过 600 个适用于 Cardboard 的应用程序被研发出来。YouTube 已经上传 28000 个与 Cardboard 相关的视频。

对于绝大多数足球迷来说,能够亲临诸如皇家马德里的伯纳乌、巴塞罗那的诺坎普等豪门赛场,是一种愿望,如果能有机会和自己的偶像零距离接触,体验他们的球场生活,更是求之不得的经历。随着虚拟现实技术的逐渐成熟,这些愿望可以大规模成真了。最近,耐克公司也玩起了虚拟现实技术,他们邀请巴西球星内马尔拍摄新球鞋的宣传片,让用户以第一视角体验足球巨星的感觉,该视频一上线便在网络上热传。运动品牌耐克针对足球爱好者,推出了一款内马尔虚拟现实应用,这款应用能够让用户以内马尔的视角,享受从带球过人至最后得分等一系列精彩动作。让用户通过 Google Cardboard 和有 3D 显示软件的智能手机的搭配观看。通过视频,用户能够以第一人称的视角,体验巴西球星内马尔在球场上的英姿,360°的全景可以让用户看到体育场周边的所有动态,而用户的视角就是内马尔的视角,可以感受到他如何盘球过了后卫,骗过守门员,最终将球射进球门。这种感觉宛如置身诺坎普,以内马尔的身份在踢球。耐克还在宣传片中加入一些趣味场景,比如疯狂的球迷冲入球场然后被保安追赶的画面。

在过去,制作一个虚拟现实的广告是非常昂贵的,同时,用于虚拟现实的可穿戴设备并没有找到大量的用户。而随着去年 Google Cardboard 的发明,且售价低于 20 美金,虚拟现实这项技术得以更频繁地被利用。同时,随着 360°可拍摄像机在市场上的快速崛起,类似的虚拟现实视频今后会更加常见,可以预见的是,Google Cardboard 将会在日常生活中扮演更加重要的角色。

Google Cardboard 适用于任何一款安卓或 iPhone 手机。用户只需从应用中心如 Google Play 或苹果 App Store 中下载并安装适合 Cardboard 的应用或虚拟现实演示。当然，谷歌 Cardboard 无法媲美专业级的虚拟现实设备，如 Oculus Rift 和 HTC Vive 等设备能够追踪用户的位置，并且为用户提供在虚拟场景中行走的感觉，让用户可以上下左右移动头部对周遭场景进行探索。入门级的谷歌 Cardboard 无法提供这样全方位的体验，全程需要用户手持观看，长时间地使用，像看电影、玩游戏一样，就会给用户带来诸多不便。

（二）新闻应用

2015 年 11 月，《纽约时报》宣布与谷歌 Cardboard 合作，向部分订阅者赠送谷歌 Cardboard 或通过电子邮件获得兑换码，免费兑换眼罩。读者可以下载"纽约时报 VR 应用程序"，体验以新闻为重点的沉浸式虚拟现实环境。随后，在 2016 年 11 月，与三星合作，推出了 360°新闻平台 The Daily 360，积极地致力于为用户带来 AR/VR＋新闻体验。

2018 年 2 月，《纽约时报》App 又增加了 AR 功能，用户可以通过 NYTimes App 来尝试阅读 AR 新闻。之后，《纽约时报》还为读者带来了与冬季奥运会相关的沉浸式 AR 体验。《纽约时报》指出，AR 能够以一种更为直接的方式向读者呈现新闻。

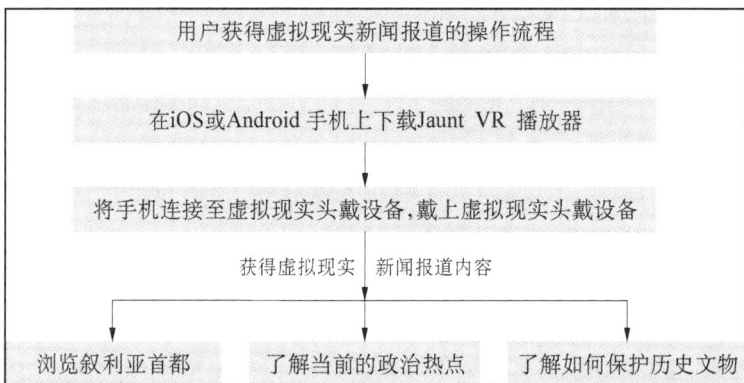

美国 ABC 新闻与虚拟现实影视公司 Jaunt VR 合作制作了虚拟现实新闻报道《Inside Syria VR》，该新闻报道通过虚拟现实技术让观众体验处于危机中的叙利亚的生活，该虚拟现实新闻报道兼容 JS 和 Android 系统，这两个系统的用户可以获得该虚拟现实新闻报道。

2017 年 3 月份，CNN 推出了沉浸式新闻栏目和平台"CNNVR"，这一项目将会通过 360°视频报道世界各地的主要新闻事件，把观众传送到新闻之中。随后 NNVR 首先推出了西班牙潘普洛纳奔牛节相关的 360°视频报道。此外，在过去几年中，CNN 一直在实验 VR，并制作了超过 50 部沉浸式视频，包括 2015 年民主党辩论的现场直播。CNNVR 于 2017 年 3 月率先登陆谷歌 Daydream，而在 2018 年 3 月，其已上线 Oculus Home。

世界报业和新闻出版协会（WAN－IFRA）与 World VR Forum 合作，为沉浸式新闻设立了一个新的奖项，他们将为最优秀的沉浸式新闻故事颁发"VR 新闻报道奖

(VR Journalism Prize)"。习惯阐述复杂而严肃问题的传统新闻报道,正变得越来越无人问津。而 VR 的沉浸式特点,或许能为新闻报道业注入新的活力。World VR Forum 在其官网表示,他们对于 VR 新闻报道的要求是,"可以阐明复杂问题、向用户传达某种感受或情绪,或者两者兼而有之"的"故事、纪录片、长篇故事、交互式故事或沉浸式体验"。简单来说,比传统新闻更能打动人,就是 VR 新闻报道的优势。然而,由于目前 VR 用户数量的限制,我们也看到沉浸式 VR 新闻的产出并不多。或许此次 VR 新闻报道奖的设立,就是为了鼓励新闻工作者和普通用户,能够制作出更优质的 VR 新闻内容。

(三)发展路径

近年来,虚拟现实设备进入关键性的发展阶段,市场备受关注。如何运用虚拟现实技术去满足消费者的各种需求是该产业的发展方向。但对于许多企业以及其他社会组织来说,虚拟现实技术说起来容易,做起来难。

首先,将虚拟现实技术的开发与应用整合进公司业务流程,并令其成为团队工作的核心就相当费事。其次,就目前人们对于虚拟现实的认知和信任程度而言,能否获得管理层对于布置虚拟现实系统和设备的预算支持,也不是一件简单和容易的事情。并且,数据的价值需要定制化作为前提,大公司在收集和聚合大型数据方面比小公司更容易。与较小的同行相比,它们具有自然的规模优势,并且能够通过多种内容、电子商务和客户关系渠道生成专有数据。虚拟现实技术未来的发展领域可以作如下预测:

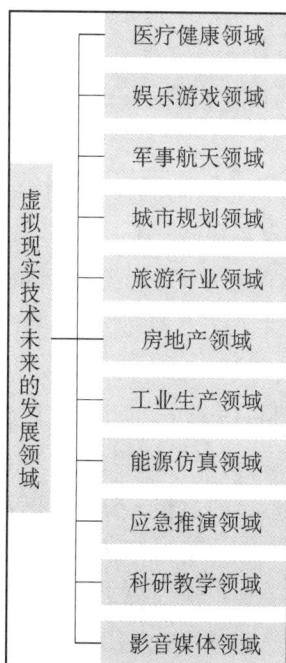

虚拟现实技术未来的发展领域	医疗健康领域
	娱乐游戏领域
	军事航天领域
	城市规划领域
	旅游行业领域
	房地产领域
	工业生产领域
	能源仿真领域
	应急推演领域
	科研教学领域
	影音媒体领域

技术的创新能持续拓展、延伸传播的多样性，丰富人们的体验。但最重要的不是技术，而是技术的应用如何超出想象、带来哪些实际的意义。交互传播强调受众的体验，因为体验可以提高受传播内容的"真实感"，创造情感介入的机会，从而在受众和传播主体之间形成情感纽带。

第三节　新媒体时代的挑战与思考

一、大数据有没有隐私？

（一）大数据的产权界定

数据正在迅速膨胀并变大，数据对现代组织的运营越来越重要，甚至可以决定一个组织的生存。但是随着时间的推移，人们已经开始意识到，数据爆炸性增长带来的隐患和问题。数据是一种特殊的资源，没有任何公司和个人能够有效地监督数据的销毁。一件有形的东西给了别人，可以再要回来，或者监督别人销毁，但数据一旦给出，可能永远无法真正收回。

上文中提到的两种商业模式，精准营销和互联网金融，都需要通过数据监控消费者在互联网上的一举一动，消费者个体因此成为被观察、被分析、被监测的对象，于是这就带出了新媒体时代特有的问题——隐私。大众对这种商业模式有一种矛盾的心理：一方面，人们感到权利受到了侵犯，没有得到尊重，被出卖了，社会舆论也往往会把它简单地放在公平的背景下进行考量，隐私问题屡屡成为社会公共话题，一边倒地反对以营利为目的的商业模式；另一方面，也许人们不想拒绝这种便利和高效。

一方面，数据越清晰、越全面、越真实就越有利于个性化生产，避免资源浪费，比如精准营销、个性化页面私人定制服务；另一方面，数据又带来了信息茧房、信息窄化的风险。一方面，大数据要求更加开放甚至是无限制的连接，另一方面这又将伤害个人的隐私和权利。

美国折扣零售商塔吉特公司（Target）使用大数据的相关分析已经有多年。《纽约时报》的记者查尔斯·杜西格（Charles Duhigg）就在一份报道中描述了塔吉特公司怎样在完全不和准妈妈对话的前提下预测一个女性在什么时候怀孕，即收集一个人的所有可以收集到的数据，然后通过相关分析推断事情的真实状况。

对于零售商来说，知道一个顾客是否怀孕是非常重要的。因为这是一对夫妻改变消费观念的开始，也是一对夫妻生活的分水岭。他们会开始光顾以前不会去的商店，逐渐对新的品牌建立忠诚。塔吉特公司的市场专员向分析部求助，看有什么办法能通过一个人的购物方式发现她是否怀孕。公司的分析团队首先查看了在婴儿礼物登记簿上签字的女性的消费记录。塔吉特公司注意到,登记簿上的妇女在怀孕大概第三个月的时候会买很多无香味护手霜。几个月之后,她们会买一些营养品,比如镁、钙、锌。公司最终找出了大概 20 多种关联物,这些关联物可以帮助公司给顾客进行"怀孕趋势"评分。这些相关关系甚至使得零售商能够比较准确地预测预产期,这样就能够在每个阶段给客户寄送相应的优惠券,这才是塔吉特公司的目的。

然而,这样的预测却侵犯了消费者的隐私。一天,一名男子冲进一家位于明尼阿波利斯市郊的塔吉特商店,要求经理出来见他。他气愤地说:"我女儿还是高中生,你们却给她邮寄婴儿服和婴儿床的优惠券,你们是在鼓励她怀孕吗?"毫无疑问,怀孕是人们的隐私,塔吉特公司的做法虽然能够将优惠信息准确传递给目标受众,却是在没有得到消费者允许的情况下,利用隐私信息来获得利益,严重侵犯了消费者的隐私。

在网络购物平台上,所有的浏览和购买历史都会被记录,人们所面临的隐私泄露问题可能要比塔吉特公司预测顾客怀孕更加严重。任何数据都只是事物的一种度量,人应当成为这种度量工具的主人,而不是被工具奴役。在大数据刚刚兴起之时,国内外学者就意识到大数据可能带来的伦理问题,并提出防范和规制的建议。

Verizon 侵犯用户隐私的案例或许能给我们一些警示。美国联邦通信委员会(Federal Communications Commission, FCC)发现当地最大移动营运商 Verizon 的无线部门侵犯了用户隐私。该公司在用户的流量里植入了特殊的追踪码(super cookie),用于识别用户的独特消费行为,并提供相关数据给外部广告商以制作有针对性的广告,因此 FCC 认为 Verizon 的行为违反了网络透明性规范。同时,某调查员在"暗网"论坛上偶然看到了 Verizon 公司被黑客盗窃的 150 万用户的联系细节,其中包括一些《财富》500 强企业。细节显示,卖方既可以整包出售,也愿意以每 10 万条记录 1 万美元的价格成交。具有讽刺意味的是,Verizon 公司通常会帮助《财富》500 强企业应对大型的数据泄露事件,提供解决方案,此次却成为被攻击对象,泄露的信息无疑将给黑客带来巨大的收益,也将给用户带来巨大的隐患。

但是,真正的问题却比隐私侵犯还要严重。即使是公开的数据,即使数据不被泄露,互联网也可以成为影响、操纵、控制他人心理和观点的媒介工具。

2018 年 3 月,社交网站 Facebook 被曝出数据泄露的新闻:一家数据公司通过不正当的手段,在 Facebook 网站上获取了 8 700 万用户的数据。这些数据随后被用于多个国家选举中的选民分析,2016 年当选的美国总统特朗普就曾经雇用这家公司。

在选举中大量使用数据的做法,起源于美国第 44 任总统奥巴马。2008 年,他第一次代表民主党参选期间,建立了专门的个人竞选网站(Barackobama.com),收集了 1 300 万人的个人信息和邮箱地址。在此之前,大规模的营销和宣传活动一般使用"信息群发"的方式,但奥巴马放弃了这种方式。他雇用了一批数据科学家,尝试通过数据对选民进行分类,向不同类别的选民推送不一样的定制信息。到 2012 年,奥巴马竞选连任,这时候 Facebook 已经聚集了 8 亿用户,奥巴马的个人竞选网站实现了和 Facebook 联动。支持者一登录，就被要求提交自己的 Facebook 账号，网站会询问是否可以读取其 Facebook 上的档案信息，甚至索要在其社交网页上发布消息的授权。这两届总统选举都以民主党大获全胜告终，奥巴马使用的大数据分析方法也成为教科书级别的经典案例。

因此，就功能而言，Facebook 不仅仅是一个和朋友交流的工具，它的用户还可以接收各种信息推送，包括新闻咨询和商业广告。在 Facebook 的道歉声明中，公司并不承认这是一场"数据失窃"事故，而是强调"没有保护好用户的数据"。事实上，这起风波虽然号称"数据泄露"，但是平台上的"点赞"数据几乎是公开的，数据在整个过程中都是经过用户同意才被提取的。如果真要说这是隐私侵犯，也是合理侵犯。不过，经历过这轮风波，Facebook 决定全面参照欧盟的《通用数据保护条例》（General Data Protection Regulation，GDPR），规定在其平台上向用户推送信息和广告的企业，必须保证事先获得了用户的授权和准许。

由此看来，大数据所带来的核心问题并不仅仅是人们长期认为的隐私问题，一个更加关键的问题正在浮出水面，它就是数据权益。数据权益问题事关大部分互联网企业现行的商业模式，它不仅是一个法律问题，还是一个公益问题。之所以是公益，是因为很多人还没有认识到它是一种权益。用户提供数据，也应有权撤销或销毁提供的数据。

数据产权的问题如果继续模糊不清，很可能成为新经济发展的瓶颈、障碍。会有越来越多的消费者认识到新时代互联网沉淀数据的本质，他们对个人数据价值的认识会觉醒。如果不对这些权益予以确认和保护，互联网公司继续以无征求的方式抢占消费者的数据，消费者对新型互联网服务的接受程度将会下降，对互联网交易，特别是跨国的互联网交易，会有越来越多的人以怀疑的、不完全信任的态度来看待。这将在一定程度上减缓科技创新，影响数据经济在全球的普及速度[①]。

（二）对大数据技术的伦理思考

随着大数据时代的到来，消费者在社交媒体、购物网站等平台产生的数据信息，以及企业的内部信息，都蕴藏着巨大的商业价值，成为宝贵的财富。同时，与大数据营销有关的个人隐私安全、数据财产安全、骚扰信息泛滥等问题也成为一种挑战，引起人们的格外关注。在这样的背景下，对大数据营销伦理及其治理问题的研究显得十分重要和迫切。

美国学者戴维斯和帕特森（Kord Davis and Doug Patterson）在《大数据伦理学》一书中提出，大数据是一种技术创新，任何技术创新在给人们带来机遇的同时，也会带来巨大的风险，因此我们需要在创新和风险之间找到平衡点，并对大数据技术进行必要的伦理规制[②]。

---

① 涂子沛：《数文明》，中信出版社 2018 年版，第 42 页。
② K Davis，D Patterson．"Ethics of Big Data"．O'Reilly Media，Inc．，2012．

《大数据时代》的作者舍恩伯格曾提出大数据技术可能带来的风险,并建议实行责任与自由并举的信息管理。他认为,随着世界迈向大数据时代,社会也将产生剧烈的变革。"在大数据时代,对原有规范的修修补补已经满足不了需要。想要保护个人隐私,就需要个人数据处理器对其政策和行为承担更多的责任。"为此,他认为必须重新定义公正的概念,并提出从个人许可到让数据使用者承担责任的隐私保护模式,反对个别组织对数据的垄断,希望通过这些举措来防范大数据带来的伦理危机①。

二、虚拟现实是否真实?

(一)当虚拟现实成为新的媒介形态

虚拟现实对于传播行业来说是一项颠覆性技术,如果成为一种新的媒介形态,将带来行业性的深刻变革。作为一项新兴的技术,虚拟现实体现出诸多未来媒体的基本特征,并可能成为未来媒介发展的高级形式。保罗·莱文森(Paul Levinson)提出的媒介进化原理认为,"一切媒体的进化趋势都是复制真实世界的程度越来越高,其中一些媒介和真实的传播环境达到了某种程度的和谐一致"。虚拟现实技术通过模拟人的感官复制现实世界,将虚拟与现实融合,连接人与场景、人与人、虚拟世界与现实世界,承担传递信息等媒介功能,用户可以沉浸在虚拟传播环境中。

(二)虚拟现实技术带来的伦理困境

虚拟现实技术常态化应用后可能带来的潜在伦理问题包括:场景真实与人性关怀悖论、长期沉溺引发心理问题、虚拟现实与真实现实的界限混淆。

虚拟现实营造逼真的虚拟场景,但过度真实地还原场景很有可能给用户及新闻当事人带来伤害。全景视频摆脱图像取景框的限制,可以实现全面真实的场景再现,一定程度上限制了传播主体的编辑能力,对画面的把控难度加大。如卫报网站推出的 VR 作品《6×9:单独监禁牢房的虚拟体验》,用户在虚拟牢房中不仅能听到囚犯被鞭打的呻吟声,还能看到墙上可怕的图案,这无疑会给用户带来不适感,难以兼顾真实性与人性关怀。

勒庞和塔尔德提出群众心理学,他们认为,群众中的个体之间不存在障碍,信息和情感可以自由流动,相互影响。因此,对现实环境的高度模拟容易造成群体情绪的多发在虚拟空间场景内,用户之间进行思维互动,新型社会关系可能加速情绪感染,导致群体情绪迅速爆发且广泛蔓延,公众失去理性思考能力。

用户通过移动终端和传感设备在虚拟空间进行实时交互,感知和操控虚拟场景并参与其中。"任何人都可以使用虚拟现实进行一次虚拟旅行:任何人都可以通过

---

① 维克托·迈尔舍恩伯格、肯尼思·库克耶:《大数据时代》,浙江人民出版社 2013 年版。

该技术参加朋友的婚礼；任何人都可以通过该技术与世界另一端的人交流。"目前虚拟现实技术已形成声音和画面的仿真组合，通过计算机画面模拟缝合技术，构建一个真实世界中本就存在的物理存在，这种"拟像与仿真"究竟是真实世界还是由媒介导演的真实？依据虚拟场景传播信息，很可能加剧影像技术与真实性的矛盾，混淆虚拟与真实的界限，挑战"真实性"的内涵。

讨论虚拟现实所面临的最大问题，就是如何理解"真实"概念。按照一般的理解，"真实"往往被狭隘地等同于可以被人们所感知或可以被证明具有实存性的东西，这种观点在本质上是建立在感知优先的基础上的。因此，一般会把那些自然或物理的世界看作真实的，而把梦、艺术、电影与网络游戏看作虚幻的。这种看法在很大程度上掩盖了对"什么构成真实"之类问题的讨论。事实上，从科学角度来看，真实更多地来自人们意识的建构而非单纯的感知。相对于外界存在的诸多事物来说，人们能够看到、听到、触摸到、闻到以及尝到的东西是非常有限的。真实并不仅仅是所能感知到的东西，也没必要将真实等同于感知到的东西。

在讨论虚拟现实的真实性问题上，需要悬置这样一个假定，即任何被看作真实的东西必须满足某种从外部强加的标准，比如可感知性或可测量性等。真实实际上是人类大脑的产物，是由一个持续的感知流所构成并持续变化的程序，虚拟现实其实只是对这些认知方式的一种操纵。用对待自然的物理世界的看法来看待虚拟现实，这种观点是将人们对现实物理世界的认知框架强加于虚拟现实之上，它在很大程度上是将虚拟现实看作对现实世界的呈现。实则不然，虚拟现实中的事物并非对现实世界的某种复制或显现，而是自成一体的，如果虚拟世界具有某种相对稳定的结构，则自然世界和虚拟世界之间就不存在根本差别。

与一般性的技术不同，虚拟现实技术不是一种与客体对象相联系的"工具性"技术，它主要与主体方面相联系。一旦进入虚拟现实之中，人们的整个感知系统甚至是认知因素都会被重新建构。除了技术上的保证和强大支持之外，虚拟现实对现实性的揭示与呈现立足于它对人的整个感知系统的重构之上。也就是说，虚拟现实之所以会给我们一种身临其境的真实体验，首先在于它所提供的感知系统与现实世界中的感知系统之间是对等性关系而非衍生关系，这一点对理解虚拟现实十分重要。

总而言之，尽管虚拟现实远远超越了现实世界的传统表现形式如绘画、电影等，但它并非一种指涉现实世界的表现形式，而是构成了一种"在世界中存在"的不同类型。因此，问题的关键也就不在于虚拟现实与现实世界之间的差异，而在于"此在"如何在与现实世界不同的虚拟世界中获得如此真实的现实体验。也就是说，虚拟现实是如何将现实性建构出来并给人一种在场的真实感以及它对真实问题的揭示才是关键所在。

附　录

"企业新闻与传播"系列教材及作者简介

1. 《企业新闻传播与营销策划》作者：李凌、丁柏铨

作者简介：

李凌：女，汉族，1989 年 5 月生，毕业于贵州师范大学，硕士研究生。工作经历：南航旗下《南航 CEO 品味》杂志任文字编辑及项目策划主管；现代传播科技有限公司旗下《Numero 大都市》杂志任专栏编辑、品牌公关；YOHO！有货（新与力文化传播有限公司）任 BD 业务拓展经理。参与主持过多项知名品牌营销策划项目及多部影视作品宣发，拥有丰富的线上线下营销策划经历。熟悉营销调研、营销规划、营销管理、营销培训的整体思路，及公关、广告、渠道、促销、招商等具体环节。现任三江学院文学与新闻传播学院教师。

丁柏铨：二级教授，博士生导师。原南京大学新闻传播学系主任，享受国务院"政府特殊津贴"。现为教育部重点教材《新闻采访与写作》课题组首席专家，国家社会科学规划重大项目"十八大以来中国共产党新闻舆论观研究"课题组首席专家，教育部社会科学委员会新闻传播学科咨询组成员，中国社会科学杂志社外评审专家，三江学院文学与新闻传播学院特聘教授、新闻学专业学科带头人。主要著述有《新闻理论新探》、《中国当代理论新闻学》、《执政党与大众传媒》等，多部专著及论文获省部及以上重大奖项。发表论文 400 余篇，多篇论文被《新华文摘》全文转载。主持全国哲学社会科学基金重大项目 1 项、重点项目 3 项，江苏省哲学社会科学重大委托项目 1 项。

教材简介：

本教材为新闻学企业新闻与传播专业"应用型"转型系列丛书，适用于新闻学、传播学相关学科本科生及部分希望提高营销策划技巧的企事业单位媒体从业者。

教材汲取了国内和国际上最新的企业新闻营销策划案例进行归类、分析和解读。在具体案例的解读过程中，本书分为两个方面：一是针对具体案例的提炼和重现，二是运用新闻传播学的相关理论去分析解读相关案例。全书内容各自独立又融会贯通，将围绕企业市场定位、企业形象、企业行为、产品推广、品牌延伸、关系营销、企业提升发展、营销伦理道德等内容的策划行为逐一阐述。本书内容丰富，讲解通俗易懂，具有很强的可读性和实用性。希望它的出版能为快速发展的企业新闻传播系实践提供经验和方法。

2.《企业危机公关》作者：张晓慧、石坚

作者简介：

张晓慧：女，汉族，1982 年 12 月 4 日出生，中共党员，硕士研究生学历，讲师。曾先后在河南电视台等媒体、公司从事广告策划与销售、活动策划、电视栏目编导、记者等工作。2010 年 9 月，进入南京师范大学新闻与传播学院攻读新闻学硕士学位。2014 年 2 月进入高校工作，目前主要从事网络传播与网络舆情、新媒体运营、危机公关、媒介与社会等方向的研究和教学工作。

石坚：男，满族，1951 年 6 月 3 日生，中共党员，教授。曾任新疆日报社新闻总监、编委等，高级记者。发表新闻作品约 500 万字，包括论文 40 篇、6 部著作：《新闻写作新视角》、《新闻写作学》、《深圳特区报竞争力探析》、《办报实践教程》、《新闻采访与写作》、《大漠长河边塞行》。先后主持 7 项国家级、省级新闻学术研究项目。48 篇新闻作品先后荣获全国和省级新闻奖等，其中 4 篇作品获中国新闻奖，12 篇作品获全国省、自治区、直辖市党报新闻奖，10 篇作品获新疆新闻特别奖、一等奖。2000 年获新疆维吾尔自治区劳动模范称号。2018 年，受聘成为"书香天山全民阅读顾问"。

教材简介：

随着企业在经济社会生活中的地位和作用不断加强，很多企业面临的危机往往在较短时间内演化成一场社会危机，尤其是随着媒介技术的发展，企业面临的舆论环境更加复杂，企业危机日益受到广泛关注。

本书从新闻传播视角切入，采用理论和案例相结合的方式，首先阐述企业产生危机的诱因，分析企业危机面临的媒介、社会环境的变化以及机遇和挑战；其次根据企业危机的发展周期，详细解读企业危机前的舆情监测、企业危机应对中存在的误区、企业危机应对应遵循的原则以及企业危机的善后和评估，最后对企业在危机公关中的信息发布和沟通、企业危机管理的整体体系的打造进行专门的论述。

3.《西方社会组织的传播：理论与实践》作者：张天一、周洋

作者简介：

张天一,女,汉族,1991 年 7 月出生,硕士。中学六年就读于南京外国语学校,美国布兰迪斯大学社会学、国际关系双学士本科,美国西北大学传播学硕士。大学时期曾在现代快报、江苏广播电视集团(总台)新闻中心、东方卫视大型活动部实习。2015 年 7 月至 2018 年 4 月,就职于南瑞集团,从事发展规划、技术营销等相关工作。2018 年 5 月,任职于三江学院文学与新闻学院,主要讲授《社会学基础》《新闻学与新闻写作》《影视作品读解》等课程。

周洋：男,湖南桑植人,国防大学军事文化学院副教授,清华大学新闻学博士,英国威斯敏斯特大学访问学者。研究方向为广电实务,新媒体传播、军事舆论斗争。主讲《电子媒介传播导论》《融合传播实务与案例》《军事宣传与舆论斗争实务》等课程。现主持国家社科基金课题 1 项,主持江苏省社科基金项目 1 项,参与国家与省部级课题 4 项。在《新闻与传播研究》等期刊发表论文 50 篇,核心期刊 30 篇。主编教材编著 3 部,副主编教材 2 部,参编教材 3 部。指导学员作品曾获金鸡百花奖微电影单元特等奖与二等奖、第五届环太平洋大学生微纪录作品大赛特别嘉奖、南京市第三届微电影创作大赛金奖等 30 多项奖项。2009 年荣立个人三等功 1 次,2015 年被评为院优秀教员,2017 年获军队优秀专业技术人才三类岗位津贴。

教材简介：

在全球范围内,西方社会较早地认识到传播在组织运作中占据的核心地位。学界积极探究,传播理论始终紧跟市场竞争形势的变化而不断推陈出新,业界重视实践,在决策层面,可以战略性地制定传播计划,在执行层面,可以有条理地分解传播任务,都对国内社会组织的传播活动有很大的借鉴意义。

本书以讨论分析西方社会组织的经典传播案例为主,旨在国内乃至全球传媒行业转型的大背景下,搭建一个经验融合、互通互联的平台,帮助学生们汲取来自海外的宝贵经验。

4.《新媒体写作》作者：雷默、海马

作者简介：

雷默：本名裴其明,1963 年出生,江苏海安人,大学文化。历任野马广告公司创意总监,橄榄树文学网站编委,福中集团企划总监,甘汁园糖业市场总监,小 6 水产网首席品牌官。2000 年编著出版网络文学《蜘蛛梦》《青柿子》,2007 年出版诗集《新禅诗:东壁打西壁》。

海马：本名王勇,1966 年 5 月生,江苏海安人。毕业于南京大学中文系,文学博士,哲学博士后,教授。中国作家协会会员,江苏网络文学院院长,《金陵瞭望》副总编辑(挂职),江苏省当代文学研究会理事,江苏省鲁迅研究会理事,江苏省传媒艺术研究会理事。江苏省"青蓝工程"中青年学术带头人(2010 年),澳门大学人文学院访问学者(2013 年)。发表学术论文 50 余篇及各类作品 200 多万字,出版个人专著及作品 7 部,主持或参与各级课题 5 个,获江苏省政府优秀社科成果奖等 6 项。曾任中央电视台、《中华工商时报》《中国产经新闻》等国家级媒体记者、编辑及驻江苏记者站站长,后担任三江学院党委宣传部部长,现任三江学院校党委委员、文学与新闻传播学院院长。

教材简介：

本书专为三江学院新媒体写作教学编著,全书分为九章,共 16 万字。前五章从新媒体写作的选题、标题、结构、符号(语言)表达分析了新媒体写作与传统写作的区别,介绍了新媒体写作的基本逻辑和基础方法。六、七、八章则分别介绍了新媒体环境下新闻、广告、文学的写作特征和具体方法,最后一章则分析了企业新媒体写作与一般新媒体写作的区别。

本书是对近年来新媒体写作实践的归纳和总结,除了有一定的理论基础,更有大量的案例分析。本书既是大学新媒体写作的教材,同时也是广大新媒体从业者尤其是文案类岗位人员的必读书。

5.《新媒体运营与管理概论》作者：刘娅、丁和根

作者简介：

刘娅：女,1990 年生,中共党员,江苏南京人。毕业于南京艺术学院新媒体艺术理论专业,硕士。曾先后在南京电视台和新媒体公司工作,对传统媒体和新媒体的变革有着切身经历。现任三江学院文学与新闻传播学院专职教师。主要承担新媒体技术开发与应用、报刊电子编辑、网页设计与制作、办报实践流程等课程的教学工作,在核心期刊、省级期刊发表论文多篇。

丁和根：男,毕业于南京大学中文系,博士,博士后。现任南京大学新闻传播学院教授、南京大学媒介经济与管理研究所所长、博士生导师。曾任南京大学党委宣传部副部长、南京大学报主编、南京大学新闻传播学院新闻学系主任。教育部"新世纪优秀人才",兼任中国新闻史学会传媒经济与管理研究会副会长、中国新闻史学会符号传播学研究会副会长、中国中外文艺理论学会文化与传播符号学会副会长等,主要从事新闻传播理论、媒介经济与管理、传播符号学等方面的研究。出版学术专著 3 本,合著 3 本,主编教材 6 本。在《新闻与传播研究》等权威和核心期刊发表学术

论文 70 多篇,获江苏省哲学社会科学优秀成果二等奖等多项奖励,主持国家社会科学基金规划项目、教育部人文社科基金规划项目和江苏省哲学社会科学基金规划项目多项。

教材简介：

新媒体的快速发展使得越来越多行业乃至个人试图运用新媒体平台去获取资源,以便提升自身知名度和行业竞争力,但想要成功运营却绝非易事。该书围绕新媒体运营与管理,从新媒体的概念、如何定位、如何进行内容运营与吸粉引流的方式开始阐述,进而对品牌的构建和资本的获取进行全面的分析,其中还具体介绍了"三微一端"的运营管理模式,即微信、微博、微视频和手机客户端。最后提出了适合新媒体的监管体系。

本书是对近年来新媒体运营实践的归纳和总结,除了有一定的理论基础,更有大量的案例分析。本书既是大学新媒体写作的教材,同时也是广大新媒体从业者尤其是运营岗位人员的必读书。

6.《视频作品的策划与制作》作者：张丁心、邵筱棠、彭耀春

作者简介：

张丁心:毕业于南京大学,硕士,中共党员。2014 年毕业于南京大学戏剧影视艺术系。曾任中央教育电视台、江苏电视台网络频道、江苏动视节目编导。现任三江学院文学与新闻传播院教师、影视实验中心主任助理、新媒体影像创新工作室主任。参与制作微电影、宣传片、广告、纪录片等上百部作品。

彭耀春:毕业于南京大学,博士,教授。江苏警官学院科研处处长,首批学科带头人。南京师范大学兼职硕士生导师,江苏省"三三三"工程第三层次培养对象,1999 年获"全国优秀人民警察"荣誉称号。2014 年江苏警官学院退休,2015 年入职三江学院,现任文学与新闻传播学院副院长、影视实验中心主任。

教材简介：

当下很有必要建立关于企业视频的课题研究,企业将会需要大量的视频用于企业的运行、宣传、记录等方方面面,同时,这也给相关技术工作人员提供了大量的商机。无论是将视频承包给制作公司还是企业自己的工作员制作,企业视频的摄制都需要有专业的制作流程和规范的制作技术作为保障。这本书将会介绍企业所能接触的各类型视频,从前期策划到拍摄制作全方位解析各种视频的制作流程,目的就是为相关工作人员提供理论、实践的依据,帮助相关工作人员更清晰、高效地进行企业视频的策划与制作工作。

7.《数字影像制作的技术与艺术》作者：邵筱棠、张丁心、张永生

作者简介：

邵筱棠：1992 年生于江苏南京，南京外国语学校毕业后，先后于加拿大的 Sheridan College 和 Ryerson University 就读影视动画、编导、制片和新媒体传播。毕业后在江苏电视台等单位从事传媒工作，曾活跃于社交媒体，从事过知名 IP 产品、知名表演艺术家的新媒体推广和艺术作品的创作。作为新媒体和数字图像制作技术实践的受益者，相信"知识和技术从玩乐中、实践中来"。微电影《汉·家》获 2018 亚洲微电影艺术节金海棠奖、2019 中国潍坊（峡山）国际微电影大赛奖项；入围美国第三十八届年度国际短片竞赛（FINALIST in the USA Film Festival's 38th Annual International Short Film Competition 2016）并展映。现任教于三江学院文学与新闻传播学院。

张永生：副教授，中共党员。长期从事教育技术理论与实践工作，主持和参与编导制作的多部电视教材、电视专题片，并在中央、省级电视台播出；在核心和省级各类刊物上发表学术论文 48 篇；多次被全军聘为优秀电教教材评审专家评委；作为副主编主持编写《军队电化教育学》教材一部。2010 年荣获全军院校教书育人奖银奖。现受聘于三江学院文学与新闻传播学院，担任影视实验中心常务副主任。

教材简介：

新媒体及其依托的数字技术、网络技术等新技术，为人类社会的运转带来了翻天覆地的变化。它们带来的不仅仅是内容制作的革新，也是传播手段、市场经济和意识形态的更新。在传统的传媒行业纷纷进行网络化、数字化转型的同时，越来越多的其他传统行业也在逐渐利用、依托、融合新媒体，以获得更大的发展空间。

本书围绕当前新媒体中最常见的数字影像及其应用，从 Adobe Photoshop、Premiere、After Effects 三款行业常用软件入门，辅以新媒体数字影像应用案例的分析，简要介绍了静态和动态数字影像的策划、制作和运用方式。通过对本教材的了解，相信读者可以对数字影像和新媒体的运用产生一定的了解，从而激发更深层次学习的兴趣。

8.《公务员招录考试入门》作者：单国友、单璐

作者简介：

单国友：1965 年 10 月生，大学本科。中国法学会会员，盐城市作家协会会员。曾担任法院审判员、庭长、办公室主任，现任东台市政法委委员、主任科员。长期从事机关文秘和宣传工作，坚持研究和创作。先后在报刊杂志发表法制类论文数十

篇,散文、小小说等 170 余篇,法律宣传稿件 1 300 余篇,撰写电视专题宣传片台本 20 多个。《区域法治文化建设初探》《人民法庭执行工作调查报告》《有个信封想说话》等多篇论文及文学作品获省市级以上奖项。

单璐:1992 年生,南京晓庄学院广播电视新闻学、韩国湖南大学新闻放送双本科毕业,分别获两校文学学士和政治学士学位,韩国世宗大学新闻传播学硕士。先后在《人民日报》《南方日报》《广州日报》等报刊发表作品 30 余篇,其中《人民日报》6 篇。现就职于江苏省演艺集团,从事企业宣传和文秘工作。参与多项省级大型活动和重点舞台艺术剧目的企划宣传工作,撰写新闻稿件等应用文稿 100 余篇,参与《2018 江苏文化改革发展蓝皮书》撰写工作。获 2017 年江苏省级机关宣传片"不忘初心 牢记使命"征文比赛二等奖,并被江苏省人民政府新闻办公室评为 2018 年度江苏外宣信息工作先进个人。

教材简介:

《公务员招录考试入门》一书共分为公务员与公务员制度、公务员招录、《行政职业能力测试》科目概述、《申论》科目概述、面试概述、行政职业能力养成、申论能力养成、面试能力养成八章。

该书从最新的公务员招录要求出发,紧紧围绕建设高素质公务员队伍目标,紧密结合公务员工作新形势、新要求,以提升能力素质为重点,系统介绍公务员招录考试的相关知识,全面解读考试公告和大纲、报考要求和公务员履行职能应当具备的能力素质。力求使本书成为了解公务员工作性质的简明读本,报名参加公务员考试的操作指南,公务员招录相关规定的文件汇编,公务员队伍建设最新的精神要求,"准公务员"入门能力的训练手册。以期引导读者,下功夫提升自身的能力素质,为今后胜任工作,也为公务员招录单位招录到德才兼备的人才打下良好基础。

编后记

关于"企业新闻与传播"系列教材的几点说明

"企业新闻与传播"系列教材的实际编写工作经历了三年左右的时间，而此概念的提出则要追溯到 2011 年。

2011 年，我校王勇教授主持的研究课题《关于"企业新闻"的性质、内涵及其专业方向设置的基本构想》获江苏省高校哲学社会科学研究基金指导项目(项目批准号：2011SJD860003)立项。2014 年，该课题的研究报告经江苏省教育厅社政处有关部门审核准予结项。

2015 年，我校在江苏省新闻学品牌专业的申报过程中，把"企业新闻与传播"作为新闻学专业的新的生长点和转型发展方向予以确立，并得到有关专家组的肯定，获得江苏省品牌专业的立项，并成为该年度省内新闻学专业中唯一获得此立项的高校。2016 年，以此为特色，再次申报了江苏省新闻传播学科的"十三五"重点建设项目。

对于我们来说，"企业新闻与传播"专业方向的建设不只是一个理论课题，更是一个实践性和操作性很强的项目。正如该系列教材序言中所说："'企业新闻与传播'是一个带引号的、正在构建中的新专业或专业方向。作为新闻学、传播学的一个新的分支或专业方向，在如今高等教育'应用型'转型发展的时代语境之下，具有重要的理论探索意义和现实价值。"企业(含机关、事业单位)新闻宣传人才有着强劲和广泛的社会需求，且恰恰又是高校新闻传播学教育中一个有待填补的空白和亟待开发的"处女地"。特别是在新媒体渐次崛起、传统媒体走向衰落的时代大背景之下，高校传统的新闻学与传播学专业同样面临危机、挑战和转型。因此，"企业新闻与传播"专业方向的确立、建设更显出其特别的意义和价值。

该书的"序言"《关于"企业新闻与传播"的性质、内涵及其专业方向设置的基本构想》，在论证"专业新闻机构"与"非专业新闻机构"的基础上，提出了"企业新闻与传播"这个全新概念。这是一个理论课题，更是一个实践项目。"序言"在论证了它的重要性、必要性和可行性的基础上，阐述了它的性质、内涵及其专业方向设置的基本路径、总体构想。"企业新闻与传播"的概念甫经提出,即引起了新闻传播学界相关专家、学者的关注和支持。

三江学院从 2016 年起招收第一届"企业新闻与传播"专业方向的本科学生,制定了相关人才培养方案,并紧锣密鼓地进行相关教材的建设工作。在此基础之上,进一步加强与业界的联系,强化学生在企业、媒体的实习、实训,以此提高学生的实际操作能力。这次建设的共有八本教材,涉及"企业新闻与传播"的相关课程模块以及"融媒体"课程(新媒体、影像视频等)模块。相关新闻学和传播学课程模块、企业管理课程模块因有现成教材,暂未列入编写之列。该系列教材立足于企业(机关、事业单位)新闻宣传工作的实际需要,以案例教学为特色,强化实践性、应用性和可操作性。同时,内容丰富、通俗易懂,具有较强的可读性和实用性。

《企业新闻传播与营销策划》(李凌、丁柏铨)、《企业危机公关》(张晓慧、石坚)、《西方社会组织的传播:理论与实践》(张天一、周洋)属于"企业新闻与传播"的核心课程模块。《企业新闻传播与营销策划》汲取了国内和国际上最新的企业新闻营销策划案例进行归类、分析和解读。全书内容各自独立又融会贯通,将围绕企业市场定位、企业形象、企业行为、产品推广、品牌延伸、关系营销、企业提升发展、营销伦理道德等内容的策划行为逐一阐述。随着企业在经济社会生活中的地位和作用不断加强,很多企业面临的危机往往在较短时间内演化成一场社会危机,尤其是随着媒介技术的发展,企业面临的舆论环境更加复杂,企业危机日益受到广泛关注。由此,《企业危机公关》一书从新闻传播视角切入,采用理论和案例相结合的方式,首先阐述企业产生危机的诱因,分析企业危机面临的媒介、社会环境的变化以及机遇和挑战;其次,根据企业危机的发展周期,详细解读企业危机前的舆情监测、企业危机应对中存在的误区、企业危机应对应遵循的原则以及企业危机的善后和评估。最后对企业在危机公关中的信息发布和沟通、企业危机管理的整体体系的打造进行专门的论述。"他山之石,可以攻玉。"在全球范围内,西方社会较早地认识到传播在组织运作中占据的核心地位。学界积极探究,传播理论始终紧跟市场竞争形势的变化而不断推陈出新,业界重视实践。在决策层面,可以战略性地制订传播计划;在执行层面,可以有条理地分解传播任务,这都对国内社会组织的传播活动有很大的借鉴意义。《西方社会组织的传播:理论与实践》以讨论分析西方社会组织的经典传播案例为主,旨在国内乃至全球传媒行业转型的大背景下,搭建一个经验融合、互通互联的平台,帮助学生们汲取来自海外的宝贵经验。

《新媒体运营与管理概论》(刘娅、丁和根)、《新媒体写作》(雷默、海马)属于新媒体方面的教材,特别是后者具有填补空白的意义。新媒体的快速发展使得越来越多行业乃至个人试图运用新媒体平台去获取资源,以便提升自身知名度和行业竞争力,但想要成功运营却绝非易事。《新媒体运营与管理概论》一书围绕新媒体运营与管理,从新媒体的概念、如何定位、如何进行内容运营与吸粉引流的方式开始阐述,进而对品牌的构建和资本的获取进行全面分析,其中还具体介绍了"三微一端"的运营管理模式,即微信、微博、微视频和手机客户端,并提出了适合新媒体的监管体系问题。《新媒体写作》一书专为三江学院新媒体写作教学编著,全书分为九章。前几章从新媒体写作的选题、标题、结构、符号(语言)表达分析了新媒体写作与传统写作的区别,介绍了新媒体写作的基本逻辑和基础方法。6～8章则分别介绍了新媒体环境下新闻、广告、文学的写作特征和具体方法。最后一章则分析了企业新媒体写作与一般新媒体写作的区别。本书是对近年来新媒体写作实践的归纳和总结,除了有一定的理论基础,更有大量的案例分析。本书既是大学新媒体写作的教材,同时也是广大新媒体从业者,尤其是文案类岗位人员的必读书。

作为"全媒体"新闻的重要组成部分,《视频作品的策划与制作》(张丁心、邵筱棠、彭耀春)、《数字影像制作的技术与艺术》(邵筱棠、张丁心、张永生)两本书有着很强的实践性。一般来说,企业将会需要大量的视频用于企业的运行、宣传、记录等方方面面。同时,这也给相关技术工作人员提供了大量的商机。无论是将视频承包给制作公司还是企业自己的工作人员制作,企业视频的摄制都需要有专业的制作流程和规范的制作技术作为保障。《视频作品的策划与制作》一书详细介绍企业所能接触的各类型视频,从前期策划到拍摄制作全方位解析各种视频的制作流程,目的就是为相关工作人员提供理论、实践的依据,帮助相关工作人员更清晰、更有效率地进行企业视频的策划与制作工作。《数字影像制作的技术与艺术》一书亦有很强的现实针对性。新媒体及其依托的数字技术、网络技术等新技术,为人类社会的运转带来了翻天覆地的变化。它们带来的不仅仅是内容制作的革新,也是传播手段、市场经济和意识形态的更新。在传统的传媒行业纷纷进行网络化、数字化转型的同时,越来越多的其他传统行业也在逐渐利用、依托、融合新媒体,以获得更大的发展空间。该书围绕当前新媒体中最常见的数字影像及其应用,从 Adobe Photoshop、Premiere、After Effects 三款行业常用软件入门,辅以新媒体数字影像应用案例的分析,简要介绍了静态和动态数字影像的策划、制作和运用方式。通过对本教材的了解,相信读者可以对数字影像和新媒体的运用产生一定的了解,从而激发更深层次学习的兴趣。

"企业新闻与传播"系列教材定位除企业之外,实际上亦包括了机关、事业单位。但考虑到机关、事业单位"逢进必考"的因素,且本二批次高校的学生的主要服务对象是企业,故定名为"企业新闻与传播"。考虑到部分学生毕业后有可能进入机关、事业单位从事新闻宣传工作,故将《公务员招录考试入门》(单国友、单璐)一书纳入该系列教材的出版范畴。该书的主要作者不仅是国家公务人员,且长期从事公务员考试的培训工作。全书共分为公务员与公务员制度、公务员招录、《行政职业能力测试》科目概述、《申论》科目概述、面试概述、行政职业能力养成、申论能力养成、面试能力养成八章。从最新的公务员招录要求出发,紧紧围绕建设高素质公务员队伍目标,紧密结合公务员工作新形势、新要求,以提升能力素质为重点,全面系统介绍公务员招录考试的相关知识、报考要求和公务员履行职能应当具备的能力素质。力求引导报考者，改变只重视应试技巧训练而忽视能力提升的习惯，下功夫提升自身的能力素质，为今后胜任工作，也为招录单位招录到德才兼备的人才打下良好基础。

"企业新闻与传播"系列教材的编委会成员及编著者除本院部分教师外，还聘请了省内外高校及业界（传统媒体、新媒体、企业、机关）的专家参与编写和指导。本校的编委会成员有：王勇教授、博士，丁柏铨教授、博士生导师，彭耀春教授、博士，周光毅教授、博士，石坚教授，毕春富副教授，周必勇副教授，魏超博士等。省内高校及业界的专家、学者有：南京大学新闻传播学院丁和根教授、博士生导师，南京大学文学院周安华教授、博士生导师，国防大学吴兵教授、博士生导师，国防大学周洋博士，南京师范大学新闻传播学院靖鸣教授、博士生导师，南京师范大学新闻传播学院刘永昶教授、博士生导师，南京艺术学院沈义贞教授、博士生导师，《新华日报》李捷副总编辑，南京电视台高顺清台长、郭之文主任，《现代快报》赵磊总编辑、梁波副总编辑，《金陵瞭望》杂志社赵文荟总编辑，《金陵晚报》江飞总编辑，新华网总裁助理、长三角中心主任徐寿泉，新华网江苏频道彭亚平总编辑，江苏省政府原新闻处肖学亮处长，扬子石化集团宣传部蔡海军部长，江苏福中集团首席品牌运营官雷默，九如城养老产业集团行政管理中心副总经理韩怀军等。其中，现代快报社系三江学院长期合作单位，2010 年以来共同开办"现代快报强化班"已有 8 届；作为著名的央企，扬子石化集团公司与三江学院共同开办了新闻学专业"扬子石化班"。

该系列教材的主要编著者由三江学院文学与新闻传播学院具有媒体、企业实践经验的青年老师和部分业界专家组成。来自本校及省内外高校的专家、学者组成了强大的指导教师团队，并具体参与到教材的策划、编撰以及修改等各个环节之中。自教材编撰工作启动以来，先后召开相关策划、大纲确定以及相关改稿会议 12 次之多；在交出版社之前，进行了自身的"三审三校"工作，以期提高教材的整体质量和水平。

"企业新闻与传播"系列教材的编写和出版得到了江苏省教育厅品牌专业及重点学科建设项目的资金支持。三江学院校领导，省内外高校及业界专家，南京大学出版社、现代快报社、扬子石化集团等单位领导给予了大力支持和帮助。南京师范大学新闻传播学院刘永昶教授承担了特邀审稿工作。在此一并表示感谢。

编　者
2018 年 10 月 9 日